U0085828

世紀人物100

革命先行者

孫中山

子魚 著

三民書局

獻給孩子們的禮物

主編的話

世界上最幸福的孩子，是他們一出生就有機會接近故事書，想想看，那些書中的人物，不論古今中外都來到了眼前，與他們相識，不僅分享了各個人物生活中的點滴，孩子們的想像力也隨著書中的故事情節飛翔。

不論世界如何演變，科技如何發達，孩子一世幸福的起源，仍然來自於父母的影響，如果每一個孩子都能從小在父母親的懷抱中，傾聽故事，共享閱讀之樂，長大後養成了閱讀習慣，這將是一生中享用不盡的財富。

三民書局的劉振強董事長，想必也是一位深信讀書是人生最大財富的人，在讀書人口往下滑落的多元化時代，他仍然堅信讀書的重要，近年來，更不計成本，連續出版了特別為孩子們策劃的兒童文學叢書，從「文學家」、「藝術家」、「音樂家」、「影響世界的人」系列到「童話小天地」、「第一次」系列，至今已出版了近百本，這僅是由筆者主編出版的部分叢書而已，若包括其他兒童詩集及套書，三民書局已出版不下千百種的兒童讀物。

劉董事長也時常感念著，在他困苦貧窮的青少年時期，是書使他堅強向上，在社會普遍困苦，而生活簡陋的年代，也是書成了他最好的良伴，他希望在他的有生之年，分享這份資產，讓下一代可以充分使用，讓親子共讀的親情，源遠流長。

「世紀人物 100」系列早就在他的關切中構思著，希望能出版

孩子們喜歡而且一生難忘的好書。近年來筆者放下一切寫作,接下這份主編重任,並結合海內外有心兒童文學的作者共同為下一代效力,正是感動於劉董事長致力文化大業的真誠之心,更欣喜許多志同道合的朋友,能與我一起為孩子們寫書。

「世紀人物 100」系列規劃出版一百位人物故事,中外各占五十人,包括了在歷史上有關文學、藝術、人文、政治與科學等各行各業有貢獻的人物故事,邀請國內外兒童文學領域專業的學者、作家同心協力編寫,費時多年,分梯次出版。在越來越多元化的世界中,每個人都有各自的才華與潛力,每個朝代也都有其可歌可泣的故事,但是在故事背後所具有的一個共同點,就是每個傳主在困苦中不屈不撓,令人難忘的經歷,這些經歷經由各作者用心博覽有關資料,再三推敲求證,再以文學之筆,寫出了有趣而感人的故事。

西諺有云:「世界因有各式各樣不同的人群,才更加多采多姿。」這套書就是以「人」的故事為主旨,不刻意美化傳主,以每一位傳主的生活經歷為主軸,深入描寫他們成長的環境、家庭教育與童年生活,深入探索是什麼因素造成了他們與眾不同?是什麼力量驅動了他們鍥而不捨的毅力?以日常生活中的小故事,來描繪出這些人物,為什麼能使夢想成真。為了引起小讀者的興趣,特別著重在各傳主的童年生活描述,希望能引起共鳴。尤其在閱讀這些作品時,能於心領神會中得到靈感。

和一般從外文翻譯出來的偉人傳記所不同的是,此套書的特色是,由熟悉兒童文學又關心教育的作者用心收集資料,用有趣的故

事，融入知識，並以文學之筆，深入淺出寫出適合小朋友與大朋友閱讀的人物傳記。在探討每位人物的內在心理因素之餘，也希望讀者從閱讀中，能激勵出個人內在的潛力和夢想。我相信每個孩子在年少時都會發呆做夢，在他們發呆和做夢的同時，書是他們最私密的好友，在閱讀中，沒有批判和譏諷，卻可隨書中的主人翁，海闊天空一起遨遊，或狂想或計畫，而成為心靈知交，不僅留下年少時，從閱讀中得到的神交良伴（一個回憶），如果能兩代共讀，讀後一起討論，綿綿相傳，留下共同回憶，何嘗不是一幅幸福的親子圖？

2006 年，我們升格成為祖字輩，有一位朋友提了滿滿兩袋的童書相送，一袋給新科父母，一袋給我們。老友是美國國家科學院院士，曾擔任過全美閱讀評估諮議委員，也是一位慈愛的好爺爺，深信閱讀對人生的重要。他很感性的說：「不要以為娃娃聽不懂故事，我的孫兒們一出生就聽我們唸故事書，長大後不僅愛讀書而且想像力豐富，尤其是文字表達能力特別強。」我完全同意，並欣然接受那兩袋最珍貴的禮物。

因為我們同樣都是愛讀書、也深得讀書之樂的人。

謹以此套「世紀人物 100」叢書送給所有愛讀書的孩子和家庭，以及我們的孫兒——石開文，他們都是世界上最幸福的孩子，因為從小有書為伴，與愛同行。

作者的話

第一次來到南京的時候，旅行規劃上就將中山陵納入行程之中。猶記當時已是夏末時節，蟬鳴將要結束，中山陵的綠意在活躍中，仍能見一絲悲傷。青山有幸，葬一代偉人——革命先行者孫中山。

登清晨中山陵，不記得有多少臺階，只記得試圖一口氣爬到頂，竟不能完成。彎腰喘氣，忽然被眼前的美景吸引住。遠方的南京城在薄霧中甦醒；身處的中山陵在薄陽中跳動。南京，自古以來多少征戰歷史，猶在眼前，猶在耳際；中山陵，一段歷史的休止符，一份懷古思情，一份緬懷心境。圓形的墓塚裡，孫中山先生正「安眠」其中。

記得小時候，老師會在 3 月 12 日——國父孫中山先生逝世紀念日這一天教我們唱「國父紀念歌」。那時覺得國父很遙遠，走進中山陵，忽然覺得孫中山先生在眼前。「我們國父，首倡革命，革命血如火⋯⋯」想像當年孫中山先生領導革命，推翻滿清的過程中，那是多麼困難驚險。中國近代史上，孫中山先生開啟了新頁，他啟動一個結束帝制的樞紐，創建了亞洲第一個民主共和國——中華民國。

孫中山先生最先倡導革命，帶領人民推翻帝國，在大陸上尊稱他為「革命先行者」。歷史的腳步不曾停歇，眼前歷歷是中國近代史上十次革命的故事，於是陸皓東、方聲洞、林覺民、黃興……追隨孫中山先生革命的烈士們，名字一一浮現在腦際。

中山陵的陽光很好，當我數階而下時，早蟬的鳴叫聲又響起。有機會書寫偉人傳記，因有這一層感觸，觸動我書寫孫中山先生的念頭。翻開群書，搜尋有關孫中山先生的事蹟，在閱讀中，感懷他的偉大在於實踐的毅力，堅持到底才能成就偉大的功勳。然而，孫中山先生卻又是那麼的平凡。若有幸與他同時代，他若從遠方走來，你會為他眉宇間的非凡氣質所感佩，以為他只是一個讀書人。孫中山先生完成救國救民大業，但你絕看不到他有霸氣。

因要為青少年書寫，內容用語便要有所選擇。我們要讀的是孫中山先生倡導革命的事蹟，學習他的信心、毅力與勇氣。從歷史的觀點來看，也了解我們中華民國是怎麼來的。在書寫的過程中，猶感自己正歷經一次又一次的革命。

第一次廣州起義，陸皓東犧牲了，他手繪的旗幟，孫中山先生加上象徵鮮血的紅，成了我們中華民國的國旗——青天白日滿地紅；第十次黃花崗之役，讀到林覺民的〈與妻訣別書〉，原來愛情的昇華，可以擴展到救國的大愛；第十一次

武昌起義，革命成功時，已不知有多少熱血青年灑下鮮血，才換來中華民國。

歷史不能遺忘，從孫中山先生的事蹟中，我們看見的是不能遺忘的、屬於我們自己的歷史。書寫這本《革命先行者：孫中山》，有一種與偉人同行的感覺，也許故事說完了，但屬於我們的故事，正要開始。

寫書的人

子魚

本名孫藝珏，臺東大學兒童文學研究所畢業，兒童文學作家、童詩詩人、新實用作文師資培訓營講師、臺南大學中小學作文師資培訓班講師、《中國時報》作文儲備師資班講師、說演故事專業培訓講師。曾任中華民國兒童文學學會祕書長、《吾愛吾家》月刊專欄作家、《勝利之光》月刊特約記者，現任中華民國兒童文學學會常務理事、子魚語文創作社社長。

曾獲文建會新進作家培育獎助、信誼幼兒文學獎、金曲獎最佳兒童樂曲獎、府城文學獎、花蓮文學獎、臺北公車詩文獎等獎項，作品有《愛跳舞的稻田》、《月亮在看你》、《小天使星星》、《為天量身高》、《說演故事空手道》、《基測作文應試技巧攻略》等。

革命先行者 孫中山

目次

孫中山

1866～1925

1　童　年

童年生活

1866 年 11 月 12 日（清同治五年農曆十月十六日），廣東香山縣翠亨村，一個風景秀麗、民風淳樸的小農村，有個小男孩在孫家誕生了，他的名字叫做「帝象」。

「帝象」是男孩的乳名。他的譜名叫「德明」，再長大一些後，取名「文」，字「載之」，號「逸仙」。他就是我們的國父——孫中山先生。「中山」這個名字的由來，是孫中山從事革命活動後，在日本時期開始使用的化名。

孫中山小時候非常活潑，喜歡玩各式各樣不同的遊戲。放風箏、踢毽子、跳田雞、量棒、劈甘蔗等等，村裡頭流行的活動，

他都愛，而且每次都拚了命的想得勝。在村裡的大人看來孫中山是如此倔強好勝，便給他取了個綽號——「石頭仔」。

孫中山七歲入私塾讀書。當時的私塾，最初教的是認字，再來是念《三字經》、《百家姓》、《千字文》。日復一日，每天都念了又背，背了又念，老師從來不解釋書中文字的意義。

有一天，孫中山忍不住跟老師說:「老師，課本我已經背得很熟了，可是我一點兒都不了解書中的意思，這樣，念了又有什麼用呢?」

老師聽到孫中山的話，簡直氣壞了，他教了這麼久的書，從來沒有學生敢這樣對他說話。他生氣的大吼:「什麼！你不想念了嗎?」

「不！」孫中山勇敢的說:「我只是想明白書中的意思，希望老

師說給我聽。」

老師原本是要處罰孫中山的，聽他這麼一說，自己也想了一會兒，覺得孫中山的反抗其實是想學習更多的知識而已，所以就輕輕的放下戒尺。但私塾老師一直都是這樣教書，他沒辦法改變教學方式，仍舊這樣教下去。

一天上課時，突然聽到教室外頭傳來一陣騷動，「海盜來了！快逃啊！」

村民及正在上課的師生都逃去避難，只有孫中山偷偷的往海盜的方向前進。孫中山眼睜睜看著海盜把貴重財物搬上船。他只是個小孩，沒有能力阻止這樁事情發生，然而他心理非常訝異，為何官府沒有派人來抓盜賊？

「我完了！什麼都完了！那些可惡的海盜把我所有的財產都搶去了！這麼多年來，我冒著生命的危險，在洋人那兒做苦工，

才攢來的積蓄，全都被搶去了！」被搶的商人只能悲痛的哀嚎：「我在外國，有外國政府和法律的保護，不會被搶；沒想到回到中國後，一點保護也沒有……」

這番話給孫中山帶來莫大的震撼，心想：「為什麼在外國就有政府和法律的保護，別人不敢亂搶？為什麼在外國賺了錢，洋人還願意讓他將錢帶回中國？為什麼回到自己的國家，反而無法受到保護？」孫中山開始感到清朝政府的無能，無法保護老百姓。

翠亨村裡有一戶窮苦的人家，兄弟三人憑著勤儉及刻苦耐勞的毅力，賺了一些錢。他們蓋了一棟大房子，前院有個大花園。孫中山和他們的感情很好，常常去他們家玩。

有一天兄弟三人被官府抓去，其中一人被殺死，另外兩人被關在囚牢裡。他們的房子、花

園、所有的財產，都被官府奪走。許多官府的人，住進他們的房子，享用屋裡的一切。

村子裡的人聽到這件事都非常震驚。因為大家知道這三兄弟不偷不搶，為人正直，完全是憑著勤儉致富的，沒有幹過任何壞事，竟莫名其妙被抓走，真是令人生氣。但誰也不敢去跟官府討公道，大家都怕招惹官員後，會惹上大麻煩。

當時，孫中山只是個孩子，但他的個性喜好打抱不平。他獨自一人走進三兄弟的花園，找人理論。

守門的官吏看見一個小孩出現，怒斥：「你在這裡做什麼？」

「我來找三兄弟玩。」孫中山絲毫不畏懼官吏的威嚇，高聲說：「他們是好人，你們為什麼要抓好人？為什麼把他們殺了？他們到底犯了什麼罪？你們說啊！」

　　凶惡的官吏見孫中山如此莽撞，不禁大怒，立刻進屋拿大刀，想要教訓他。孫中山看這些官吏彷彿強盜似的毫不講理，只好趕緊離開。

　　這事件讓孫中山印象深刻，他明白了「權力」的可怕，而「腐化的權力」更可怕——官員手上握有權力，就可以隨意逮捕善良的百姓，甚至殺人。面對這樣的事情，小老百姓真的一點辦法也沒有。孫中山對當時的政府和草菅人命的官府真是痛恨極了！

　　在孫中山的童年時期，有個叫做馮爽觀的老人家常常坐在大樹下，說些當年他參加太平軍對抗滿清的故事。他比手畫腳，說得有聲有色，孩子們聽得十分入神。這個抗清的故事對孫中山的影響很大，再加上滿清政府魚肉百姓的事件不斷，孫中山就常常

說：「如果洪秀全當年能消滅滿清政府就好了。」

　　老人家見孫中山小小年紀，卻充滿正義感，就對他說：「你長大也當洪秀全吧！」從此以後，大家就叫孫中山「洪秀全第二」。

　　這時，想要推翻滿清的小小種子，已經在孫中山的心中萌芽了。

前往檀香山

　　1878 年，孫中山的大哥孫德彰從檀香山回來了。由於孫德彰從小就不喜歡讀書，老愛在外頭遊蕩。在孫德彰十八歲時，孫中山的舅舅楊文納剛好從檀香山回國探親，孫中山的父親孫達成便拜託楊文納把德彰帶到檀香山，讓他見識見識外頭的世界。

　　孫德彰到了檀香山，先幫人家種田，經過幾年的努力，有些積蓄，和幾個朋友到茂宜島，向

當地政府申請荒地開墾。除了耕種，還飼養家畜，漸漸變得富有，大家稱呼他為「茂宜王」。檀香山政府覺得孫德彰的表現優異，商請他回國，招募更多志願到夏威夷墾荒的中國人。

這次孫德彰回來，是為了和一位姓譚的小姐成婚。完婚後，就在村子裡開辦移民事務所，專門辦理移民檀香山的大小事務。

從小就聽大人說起檀香山的種種，越聽越好奇，所以孫中山也想到國外去看看，他不停的央求大哥帶他一起去檀香山。可是，就算大哥了解孫中山的心情，但他畢竟做不了主，只說了一句:「你去問問爸爸吧!」但是父親覺得孫中山年紀太小，不適合出國，所以說什麼也不答應。孫中山知道無法忤逆父親的意思，也只好放棄了。

過了幾個月，孫德彰帶著幾

百人離開，孫中山人雖沒有跟去，心卻被帶走了。這段時間孫中山做什麼事都提不起勁兒，心裡所想的無非是去檀香山的點點滴滴。

1879年春天，孫德彰的朋友雇了一艘英國輪船，要從澳門運送移民去檀香山。孫中山認為這是一個好機會，決定跟母親商量，並勸母親一同前往。母親心裡也想去檀香山探望大兒子，禁不住孫中山的勸說，就答應了。

父親還是覺得孫中山太小。孫中山說：「我已經十四歲，不小了。這次有母親同行，船上還有許多村子裡的人，大家可以互相照應，到檀香山之後，可以和大哥碰頭，更不需要擔心。」加上母親的勸說，父親終於同意他們的行程了。

抵達檀香山之後，孫德彰帶著孫中山和母親遊歷許多風景名

勝。這是孫中山第一次離開偏僻的鄉下，抵達一個廣大熱鬧的城市，許多新鮮事兒都讓他嘖嘖稱奇。

最讓孫中山難忘的是當地的郵局，只要貼上一張小小的紙片——郵票，再投入郵筒中，就可以按照信件上的住址，把信送到收件人手上。不像在中國，想要寫信給遠方的朋友，得等到有人要到那個地方時，順道託他帶去才行。「真是太方便了！」孫中山不禁讚嘆的說。

在檀香山住了一陣子之後，孫中山發覺這裡的秩序良好，人民遵守法律，同時也受到法律保護；這裡沒有強盜，稅捐也公平。「如果中國也能有這樣的法律就好了！」孫中山心想。

他知道，統治這個地方的是美國人，所有的法律也都是美國人制定的。孫中山開始對「美

國」產生興趣。他開始學唱美國
國歌，研究美國的歷史。

　　還有一件事讓他覺得驚喜。

　　以前在家鄉的時候，除非逢
年過節，才會休息，其他日子都
是從早忙到晚，沒有任何假期。
在這裡，有所謂的「禮拜日」，
每逢禮拜日，不論是學校、商
店、甚至工廠，全都放假一天，
大家穿著整齊，前往禮拜堂做禮
拜，聽牧師講道，唱聖歌。

　　這時候的孫中山，還不明白
做禮拜的意義何在，但他心想：
「有這樣的休息日真好！」

　　就這樣住了一陣子之後，母
親因思念故鄉的家人，獨自一人
先回中國去，留下孫中山和孫德
彰兄弟倆一起打拚。

2 求學時代

上學去！

　　孫中山進入一間英國教會興辦的「意奧蘭尼學校」讀書。這間學校，用英語教學。孫中山剛入學時，一句英語都聽不懂，老師以手勢跟他溝通。由於孫中山非常聰明，加上他全神貫注的聆聽、觀察，很快就學會簡單的英語。

　　慢慢的，他懂得許多不同的拼音及文法。學會英語之後，孫中山進步神速。尤其算術，他利用小時候學過的珠算口訣，去學外國的筆算，很快就能融會貫通。在掌握了語文和算術之後，他的成績便總是名列前茅了。

　　這間學校的華僑學生不多，只有孫中山一人穿著長袍馬褂，

還留著一條長辮子。其他學生問他為什麼不把辮子剪掉，孫中山說：「這是滿清政府給我們中華民族的恥辱，要剪，等到將來大家都可以剪掉時，再一起剪去，現在只有我自己剪有什麼意思？」

外國學生見孫中山的模樣，總覺得好笑。年紀大的學生常常扯他的辮子。起初，孫中山不跟他們計較，這些人以為孫中山是無能的弱者，就變本加厲，越來越過分。孫中山終於忍無可忍，和那些大孩子打起來。

他從小不是在田裡工作，就是在野外玩耍，練就一身好體格，他一個人輕輕鬆鬆，把所有大孩子打得落花流水。從此以後，那些人再也不敢扯他的辮子了。

在學期間，孫中山除了讀書之外，常常游泳，鍛鍊身體，還參加救火會，學習軍事體操——

這些都是他除了念書以外的收穫。

三年後，1882年的夏天，孫中山順利從這間學校畢業。那時的夏威夷王對這所學校非常重視，每年的畢業典禮都親自來主持，親手頒發畢業證書和獎狀、獎品給表現優秀的學生。

以往，每一年的英文文法獎，都是頒給英美籍學生，夏威夷和中國籍的學生，通常無法跟他們競爭。這一年，得到英文文法第二獎的，竟是個十七歲的中國學生。

當孫中山穿著長袍馬褂，拖著一條辮子上臺時，他獲得了如雷的掌聲。在場觀禮的華僑都以他為榮，大家都說:「真厲害！三年前，他一句英語都不會說，現在居然能得獎！」

從夏威夷王手中接下獎品的那一刻，孫中山充滿自信，但他

知道自己該學的東西還有很多。

陳腐擾民的收稅制度

1883 年夏天，孫中山奉父親命令返國，啟程離開檀香山。

輪船到達香港，孫中山改乘一艘舊沙船＊回金星港。

依照規定，沙船必須停泊在一個小島上，等待滿清政府的收稅官檢查，才能繼續航行。

「待會兒那些收稅官會上船檢查，檢查時無論發生什麼事，請大家務必忍耐，千萬不要不耐煩或發脾氣。如果得罪官員，不但會招惹許多麻煩，說不定還會害得全船被扣留呢！」船夫緊張的提醒大家。

船夫之所以會如此交代大家，無非是因為那些官吏總是藉

＊沙船，其實就是「杉船」，是用杉木建造而成的船。「杉」字的俗音讀作「ㄕㄚ」，久而久之，大家就把它寫成沙船了。

著檢查的名義為難旅客，尤其從海外歸國的僑胞，是他們最喜歡揩油的對象。

不久，船行到了關卡。隨即有一批人跳上船，大聲吼著要旅客把行李全都打開。

行李一打開，那些收稅人開始隨意翻箱倒櫃，見到值錢的東西，問也不問，直接拿走。大家怕惹禍上身，不敢吭聲，任由官吏掠奪自己的財物。孫中山沒有攜帶什麼值錢的東西，不過他的隨身衣物被扔得到處都是。他心中非常不滿，終究還是忍住氣，將衣物整理好。

沒想到，又來第二批人，叫孫中山把行李打開。孫中山對於第二次的檢查感到疑惑，便問：

「剛才不是已經檢查過了，為什麼又來查一次？」

「剛才是收關稅的。」這批人口氣不耐煩的回答：「現在收的是

釐金※。」

孫中山只好忍氣吞聲把行李打開，讓他們檢查。這批人得到旅客的許多「好處」之後，才離船上岸。

沒想到，第二批剛走，第三批人緊接著又來，說是要檢查私帶鴉片。孫中山認為查禁鴉片是對的，就讓他們檢查。當這批人「好處」一到手，就馬上離開。

這時，又來一批人。孫中山非常不高興，他忍住氣，和善的問：「已經檢查三次，請問這回要檢查什麼？」第四批人態度惡劣的說：「查私帶火油※的，少囉唆！」

孫中山受到多次騷擾，忍無可忍，站起身抗議：「我的行李箱這麼小，怎麼可能藏得下火油？

放大鏡

※厘金　清朝時，各省的主要地點都設有釐捐局的關卡，貨物通過時，都要繳納稅金，這些稅金，就叫做「釐金」。
※火油　就是可以用來點火的煤油。

你一看就知道了，為什麼還要打開？」既然有勇氣開口，孫中山就滔滔不絕的說下去：「你們已經查了三次，加上這次，總共四次。為什麼不一次就檢查完？非得分作四次檢查，這分明就是找我們麻煩！太過分了！」

這批人平常恐嚇老百姓已經習慣，見到孫中山不願屈服，更加凶狠起來，孫中山硬是不讓他們檢查自己的行李箱。這批人面子掛不住，憤而扣留全船，下令不准開船。

這下子，所有的旅客都慌了。船主上岸去求情，一直到第二天早上，送了許多金錢和禮物，沙船才獲准開走。

發生這件事之後，不少旅客怪罪孫中山。他們覺得都是因為孫中山去頂撞官員，才會耽擱他們的行程。孫中山趁著這個機會向大家說明：「各位，真的非常抱

歉，我因為一時忍不住，才會連累大家。不過，請大家想一想，他們的這種作風應該嗎？我們一味的讓步，只會讓他們越來越囂張。他們的氣焰越大，對我們百姓迫害就越嚴重！」

「那該怎麼辦呢？」有旅客問：「難道要跟他們打架，吃上官司，坐牢去嗎？」

孫中山告訴大家，應該團結起來，要求政府改進才對。孫中山憑著他的口才，一路向乘客說明滿清政府的腐敗，以及改革的決心，一直說到船抵達金星港，大家才明白，這樣腐化的政府已經不行了。

褻瀆神道終致離開家鄉

孫中山回到了翠亨村，和父母家人團聚，十分開心。離開家鄉時，他只是個十四歲的孩子，現在已是經過知識洗禮的時代青

年了。

　　孫中山離鄉四年，以為家鄉會有一些進步，沒想到，除了多出幾幢新房子外，村子一切和以前一模一樣。鄉塾裡，依然是死氣沉沉的讀書聲；稅務的負擔，依然重重的壓在百姓的肩頭。村子裡的生活越來越苦，但沒有人有一句怨言，鄉下人家總是說：「一切聽天由命就是了！」

　　見到村人迷信鬼神，把自己的命運交付在虛無的神靈手上，看不下去的孫中山，常常在村子裡談論滿清政府的腐敗，以及迷信鬼神的無知。

　　「那些滿清官吏，一天到晚向我們收稅，他們究竟為我們做什麼事？他們有為我們修橋鋪路嗎？他們有為我們蓋學堂嗎？都沒有！」孫中山見大家聽得很專注，繼續說下去：「你們知道我們繳的錢都到哪裡去了嗎？」

「咦？對啊！我們的錢到哪裡去了？」村民們交頭接耳，熱絡的談論起來。

「都送到皇帝那兒去了！皇帝為我們做了什麼事嗎？你們看看政府，如此腐敗，制度一片混亂，皇帝除了注意他自己家族的尊榮與聲望，根本不管老百姓的生活。這樣沒用的皇帝，要來做什麼？」孫中山說得義憤填膺，村民們聽得似懂非懂。孫中山拿出一枚錢幣問大家：「你們知道中國的元首是誰嗎？」

「元首？是不是指皇上？」一個村民回答。

「沒錯，」孫中山說：「你知道皇上是什麼地方的人？」

村民回答：「中國的皇上，當然是中國人啊！不是中國人怎麼能當皇帝？」

孫中山告訴他們：「錯！現在的皇帝，是滿州人，不是中國

人！」

村民半信半疑，孫中山請他們看看那枚錢幣：「你們看，這上頭的字，是中國字嗎？不是，上頭寫的是滿州文。統治中國人的是滿州人，不是中國人！」

鄉下人頭腦一向簡單，想法也單純，平常能少繳一些稅金，就心滿意足，才不管皇帝是誰呢！不過孫中山的話，村民或多或少聽出一些道理。

孫中山這樣公開的批評政府及皇帝，其實是非常危險的。舊中國時代，皇帝稱作「天子」，意思是代替老天爺治理國家的人，擁有非常高的地位，一般百姓隨意辱罵天子，是會被殺頭的。村裡的人雖然覺得孫中山說的話有道理，卻覺得不要跟激進的孫中山走太近，對自己比較好。

大家不太敢和孫中山接近，

孫中山很難宣傳他的理念。但有一位青年名叫陸皓東，他對孫中山十分欽佩，覺得孫中山的話很有道理。雖然兩人從小就認識，現在因為理念相同，更是成了無話不談的好朋友。

孫中山非常反對迷信鬼神的習俗。有一天，他和陸皓東在外頭閒逛，走到北帝廟，廟裡供奉兩尊主神，一個是北帝*，一個是金花娘娘*。廟裡的神像剛粉刷過，看來煥然一新，許多人正在廟裡跪拜。

孫中山為了讓大家明白，神像其實是沒有任何威力，便走近神像，告訴村民:「這間廟裡，除了廟祝能夠得到求神問卜的人捐

放大鏡　＊北帝是道家的玄武真君，又稱作玄天上帝。左腳踏長蛇，右腳踩大龜，手中握著寶劍，非常威武，是會帶來財富和福氣，保佑合境平安的神。
＊金花娘娘是明朝的一名女子，因為生前常常幫人助產，死後就被人奉為降子之神。

獻的香油錢外，還有誰能得到好處？」說著說著，就把北帝神像的胳膊扯下來。

村民看見孫中山對神明如此無禮，非常害怕的說：「你這樣胡來，肯定會得到報應的！」孫中山回答：「這神像怎麼能保佑我們呢？你們看，他的手臂被我扯下來，卻還在笑，他連自己都顧不好，怎麼可能來保護我們？」

孫中山為了證明神像不靈，回家拿一把小刀，再度溜進北帝廟，將金花娘娘的臉劃破，並割下一隻耳朵。這件事引起了軒然大波，村民們怨聲四起，全都湧到孫中山的家中，向孫達成興師問罪。「你們家小兒子，以為自己喝了點洋墨水，回來就可以對我們的神明不敬了嗎？」村民鼓譟著：「對啊！對啊！他這樣破壞神像，如果神明遷怒於我們，降禍在我們身上，怎麼辦？」

　　孫中山的父母為了平息眾人怒氣，答應村民拿出十兩銀子，將神像修復，並為北帝廟建一壇醮，這時，村民才平息怒火。孫達成為了避免兒子待在家鄉繼續惹事生非，便安排他離開翠亨村，到香港去讀書。

　　1883 年，孫中山和陸皓東一起到香港，進入基督教聖公會所辦的「拔萃書院」讀書。他覺得自己的國文程度還不夠好，利用課餘時間，跟一位名叫區鳳墀的老師學國文。區老師能言善道，曾經在德國的柏林大學教授漢語，國學基礎相當深厚。他非常賞識孫中山，後來又介紹了一位美國牧師喜嘉理給孫中山認識。

　　同年的冬天，孫中山和陸皓東在這位牧師的主持下，接受洗禮，加入了基督教會。孫中山受洗時，用的教名是「孫日新」，這是他從《大學·盤銘》「苟日

新，日日新，又日新」＊得來的靈感。後來區鳳墀老師又幫他取了一個名字，叫「孫逸仙」，他很喜歡這個名字，在往後的求學期間，都使用這個名字作為自己的稱號。

1884 年的秋天，孫中山收到大哥寄來的信，說有重要的事必須與他商量，請他馬上動身前往檀香山。

抵達檀香山後，孫德彰對孫中山說:「我當初把一部分的財產分給你，是因為相信你必定會有一番作為，能光宗耀祖，為孫家爭光。沒想到，你迷戀洋風異俗，竟然到了走火入魔的地步，連祖宗的根本都忘了，居然去破

放大鏡 ＊「苟日新，日日新，又日新」是商朝的開國君主成湯王刻在盥洗盤上的一段話，用來勉勵自己，要能除去以前的污垢和不良的習慣，改成好的習慣，而且要每天革新，使自己天天都在進步。

壞神像？這樣，財產在你的手中，真叫人擔心。」因此孫德彰決定將孫中山名下的財產收回。

孫中山聽到大哥這麼說，知道他心意已決，於是告訴大哥：「我知道我的所作所為讓您失望，但我今後要走的路，應該不會和您期待的同一方向。大哥既然覺得這筆財產交給我不妥當，那您還是將它收回去吧！」隨即表示要回國繼續讀書，實現自己的理想、抱負。孫德彰故意不給他旅費，希望能把他留在身邊。但孫中山一氣之下，從茂宜島跑到檀香山，去找以前在「阿湖書院」讀書時的老師芙蘭蒂文幫忙。芙蘭蒂文慷慨的資助他三百元美金，加上其他同學的幫忙，孫中山在 1885 年 4 月，再度搭乘輪船回國。

後來，孫德彰很後悔當初對弟弟太過嚴苛，又寄了一大筆錢

給父親，作為孫中山求學的費用。所以孫中山後來還能繼續念書，都是靠孫德彰不斷的支持。

萌發革命思想

孫中山回國以後，本想投考軍事學校，也想鑽研法律，最後他選擇醫科就讀。因為當醫生可以濟世救人，受人尊敬，也可以結交許多朋友；而且他能以醫生的身分作掩護，偷偷進行革命的工作。

廣州有一間「博濟醫院」附設醫校，孫中山聽說這所學校辦得很好，決定到這裡讀書。孫中山個性認真，做事專注，不苟言笑；若有事要談，便口若懸河，與人滔滔雄辯。不論是哪個行業的人，只要話題對了，他都能跟他們聊起來。

除了研讀醫書，孫中山還抽出一些時間研究經史。尤其歷

史，是孫中山最感興趣的一門學問。通曉歷史，就能鑒古知今，可以從前人的教訓中，看到自己未來要走的路是什麼方向。孫中山就是從書上讀到了許多法國大革命和美國革命的事蹟，也從中領悟出許多與革命相關的道理來。

當時，有一套叫做「二十四史」的書＊，它收納了中國史上最重要的二十四本史書，是當時最完備的中國歷史書籍。這套書，排起來整整一大書架，價錢很昂貴，一般人都買不起。

孫中山把大哥給他的生活費，儉省下來，買這套書，放在宿舍裡。孫中山是個醫科學生，

＊「二十四史」包含了《史記》、《漢書》、《後漢書》、《三國志》、《晉書》、《宋書》、《南齊書》、《梁書》、《陳書》、《魏書》、《北齊書》、《周書》、《隋書》、《南史》、《北史》、《舊唐書》、《新唐書》、《舊五代史》、《新五代史》、《宋史》、《遼史》、《金史》、《元史》、《明史》。

房裡放了這樣大部頭的歷史書，同學們都取笑他只是買書來當室內擺設罷了，他聽到同學的嘲弄，只是淡淡的笑一笑，不做任何辯解。

有一天，同學何允文來到宿舍，隨意抽出架上一本書，跟孫中山說：「我考考你！」隨便翻開一頁，問他裡頭的內容，孫中山大概說明一下內容。「運氣真好，剛好問到你會的。」何允文不死心，再抽出另外一本考考孫中山，孫中山還是很輕鬆的回答出來。一連問了好幾本，何允文終於相信，孫中山對這套「二十四史」是下過苦工的。

孫中山還常常利用課餘時間，和同學大談革命理念。當時的廣州，還是受到清朝政府管轄，思想也不像香港那樣開放，許多同學聽到孫中山的言論，覺得他是個狂人，因而害怕得躲避

他。只有一位同學對孫中山十分敬佩，那就是鄭士良。

鄭士良為人豪爽，結交的朋友都是江湖奇人。孫中山一認識他，就覺得他是個特別的人，和他談論革命志業，沒想到鄭士良一聽就對孫中山佩服得五體投地。鄭士良告訴孫中山，他曾加入會黨，如果有需要的話，他可以邀集會黨同志追隨革命。

在後來的興中會時期，鄭士良是最重要的革命者之一。他還參與第一次廣州起義，也是以後惠州起義的主要領導人。

孫中山在廣州「博濟醫校」讀了一年以後，聽說香港有一所新成立的「西醫書院」。孫中山認為香港在英國人的統治下，思想言論比較自由，在那裡宣傳革命，一定比廣州順利，所以孫中山便轉入香港西醫書院就讀。

在香港學醫期間，政治壓力

比廣州寬鬆，孫中山常常和他的朋友陳少白、尤列、楊鶴齡談論反清的革命思想。他們四人，被其他同學稱為「四大寇」。

　　這是孫中山開始大力宣揚革命言論的時代。此時的孫中山雖然主張要推翻滿清政府，但是要如何推翻？推翻後要建立一個什麼樣的國家？孫中山的心裡其實不是很清楚，他只覺得這樣腐敗的政權，非得推翻不可。

　　孫中山在西醫書院讀了五年的書，終於在 1892 年 7 月的時候，以第一名的成績畢業。順利拿到畢業證書和醫師執照，成為正式的醫生。

仁心仁術的「活神仙」

　　孫中山畢業後，不打算留在香港當醫生。為了廣結同好，推展革命，在澳門離家鄉比較近，人事比較熟悉，要推展革命事業

比較容易的狀況下，他決定到澳門去行醫。

孫中山應澳門「鏡湖中醫院」之邀掛牌行醫。他是那間醫院有史以來第一位西醫師。孫中山建議醫院採用中西醫聯合診療的模式，便能截長補短，使醫療更有效果。這個意見後來被院方採納，成為我國中西醫結合的開始。

同年12月，孫中山改在「仁慈堂」附近的「中西藥局」單獨行醫。孫中山知道澳門的慈善機構會將中藥贈給病患，他覺得這個方法很好，於是透過朋友的幫忙，貸款兩千元，作為行善的基金。

久而久之，孫中山成了一位著名的醫生，他的外科手術很高明，又有一顆仁慈寬厚的心，所以很多病人都喜歡找他看病。他的老師康得黎博士來到澳門，看

　　孫中山診斷明確，技術純熟，也自嘆弗如。

　　由於孫中山的聲名遠播，許多住在澳門地區的葡萄牙人也慕名前來，請孫中山幫他們診療。這下子，澳門當地葡萄牙醫生的生意冷淡許多，孫中山的盛名引起他們的嫉妒。這些葡萄牙醫生向政府檢舉，說孫中山沒有行醫執照。雖然孫中山畢業時已經領取香港政府發的行醫執照，但依葡萄牙的規定，要在葡萄牙境內行醫，必須要有葡萄牙政府發的行醫執照才行。

　　孫中山在這樣為難的情況下，只好離開澳門搬到廣州，在最熱鬧的雙門底聖教書樓開了一間「東西藥局」。孫中山醫術高明，態度和煦，深得人心。不到三個月，孫醫生的大名傳遍全廣州，東西藥局的生意興盛得不得了。

　　有一回，孫中山散步時，突然聽到婦女哀戚的哭聲，他循著哭聲來到一間農舍。看到一名農婦跪在床邊哭得死去活來，床上躺著一個似乎沒有生命跡象的農夫。孫中山上前對著農夫的身體查看一番後，對農婦說：「別哭了！你的丈夫還沒死呢！」他不等農婦反應過來，接著說：「快！找幾個壯丁來，把他抬到診所去。」到了診所，孫中山幫農夫注射幾針藥劑後，農夫便清醒過來。這件事轟動整個廣州，從此，大家稱呼孫中山為「活神仙」。

　　孫中山的醫術深受大家敬重，連兩廣總督都派專人來央請孫中山到總督衙門為少爺治病。

　　孫中山覺得，以醫術行醫，能救的人有限。他認為唯有仰賴革命，改革中國，才能讓更多的中國人脫離苦海。孫中山暗中從事鼓吹革命的工作，進行推翻滿

清的革命事業。他行醫一時所賺的
錢，全都拿來作為支持革命志業
的花費。

3

興中會時期

海外創立興中會

　　孫中山在廣州行醫的時候，尤列也在廣州的「廣雅書局」做事。廣雅書局裡有個大花園，花園裡有個安靜的地方，叫「抗風軒」，孫中山和陸皓東、尤列等人常常在這裡聚會談論政治。

　　他們在這裡決定的第一件大事，就是要成立一個組織來推動革命。

　　「驅除韃虜*、恢復中華」是他們的口號，也是革命的目的。

　　大家還是不太清楚如何革

　　*在古代，對於侵略中國的落後民族，都叫做「虜」，是一種輕視厭惡的口氣；而滿族的另一個名字是「韃靼氏族」。所以，韃虜，指的就是滿清政府。

命，孫中山請鄭士良聯絡各地的
會黨，另外他和陸皓東親自到北
京、天津走一趟，看看滿清政府
的狀況，再做其他的決定。

當時滿清政府最有聲望的是
北洋大臣李鴻章，孫中山覺得他
很開通，應該能夠接受建言。於
是孫中山寫一封「致李鴻章中堂
痛陳救國大計書」。把改良中國
的方法，獻給李鴻章。

他說朝廷努力洋務＊，只是
一味模仿外國人的鋼船大炮，這
不是根本的方法，必須「人盡其
才、地盡其力、物盡其用、貨暢
其流」，才是使國家進步的根本
辦法。

孫中山在這封信裡，從國家
人才的培養，談到振興工商業的
繁榮，也把富國強國的方法全部
交代清楚。

孫中山上書李鴻章，一心一
意希望朝廷能改善政治，讓中國

強盛。李鴻章以為孫中山的目的是想找個官來做。當時李鴻章忙於外交，以及部署作戰*事宜，根本不願接見孫中山，僅是派師爺羅豐祿關照一下。

孫中山在天津見不到李鴻章，他的心裡終於明白了，要指望滿清政府改善政治，根本是在做白日夢。若要拯救中國，除了起兵革命之外，別無他法。

中國和日本終於開戰了，這就是著名的「中日甲午戰爭」。孫中山料到中國一定會打敗仗，打敗之後，清廷的力量會被削弱，老百姓的民怨也會沸騰起來，正是革命的大好機會。於是孫中山搭乘輪船回到檀香山，開始籌募革命所需的經費；陸皓東獨自回廣州，通知鄭士良等人準

＊就是指努力學外國人治理國家。

＊當時中日兩國，正為了朝鮮問題鬧得不可開交，隨時有可能開戰。

備起兵。

1894 年 10 月，孫中山到了檀香山，馬上勸檀香山的華僑們，大家齊心革命，推翻滿清。在孫中山的極力宣傳下，招攬了一百多人參與革命，這一百多人組成的團體，就是「興中會」。

11 月 24 日，召開興中會創立大會，會議由孫中山主持。會議中，通過興中會章程，他們決定以「振興中華，挽救危局」作為興中會的宗旨。

孫中山回到香港後，鄭士良、尤列、陸皓東、陳少白、楊鶴齡等都來聚會。當時經由尤列的介紹，又認識了「輔仁文社」的楊衢雲、謝纘泰。

輔仁文社是由楊衢雲和謝纘泰在香港成立的團體，楊衢雲擔任社長。目的是要開導中國人的思想，改造中國。他們與孫中山商談後，發覺彼此的目的都相

同。兩人非常欽佩孫中山的理想與行動力，就把輔仁文社取消，加入興中會，決心追隨孫中山起兵革命。

他們先在香港中環士丹街十三號租下房子，作為興中會在香港的總機關。為了避免別人注意，大門外掛起商店招牌，名字叫做「乾亨行」。

2月18日，孫中山在乾亨行召開香港興中會成立大會，只要是興中會的會員，都要高舉右手，向天宣誓：「驅逐韃虜，恢復中華，創立合眾政府，倘有二心，神明鑒察！」

第一次革命——廣州首義

1895年3月16日（農曆二月二十日），興中會舉行重要幹部會議，決定先攻下廣州，作為革命根據地。陸皓東提議採用他設計的青天白日旗＊，作為革命軍軍旗，

大家一致通過。

進攻廣州的計畫決定後，孫中山率領鄭士良、陸皓東等人到廣州，設立興中會分會，聯絡會黨，加入革命；楊衢雲留在香港擔任後方接應。

1895 年的 8 月中旬，孫中山和楊衢雲、陳少白等幾個人，開了一次機密會議，決定農曆九月初九重陽節在廣州起義＊。

如果突然起兵，攻下了廣州，必然引起外國的注意。起兵之前，必須先發表一篇宣言＊。討滿檄文由朱淇書寫；對外英文宣言，由英國人黎德和高文起

放大鏡

＊「青天」代表高大，「白日」代表光明。青天白日象徵光明正大，自由平等。白日有十二道光芒，代表十二個時辰，生生不息。

＊決定重陽節的原因，是因為每年重陽節，各地都會有無數的人，來到廣州附近祭祖，革命軍可以裝成上墳的人，由四面八方趕來。

＊宣言，就是利用報紙或傳單向大眾宣布、說明一件事情的重要理由。

草，再由何啟修訂。

　　準備妥當之後，孫中山和鄭士良、陳少白、鄧蔭南先後回廣州。楊衢雲預計在重陽節前一天晚上，率領會員三千人，和七大箱槍械子彈，搭夜船離開香港，趕在天亮前到達廣州。重陽節當天一大早，起兵革命。

　　農曆九月初八，除了香港一地之外，各路人馬已經到齊，個個都抱著大無畏的精神和必死的決心。局勢漸漸緊張，猛烈的戰鬥將在隔天天亮後爆發。當天夜晚，就在緊張嚴肅的氣氛中渡過。

　　初九天剛亮，各路領袖聚集在廣州城雙門底農學會總部，等候總攻擊的命令。大家熱血沸騰，心情緊張，準備為國家民族犧牲，希望一舉奪下廣州，打響革命的聲勢。

　　大家屏息等待。等待著香港

的楊衢雲，親自率領三千名革命鬥士，七大箱軍械，抵達廣州碼頭；等待著六點一到進攻廣州。每個人既興奮又期待著這將要爆發神聖革命的六點鐘。

六點鐘到了，出乎意料的是，四周只是如往常般安靜的空氣，一點動靜也沒有。大家很緊張，不知是怎麼一回事？

一直到八點左右，才看見孫中山匆匆忙忙趕來了，手上拿著一封電報，上頭寫著：「貨未能到，請展期二日」。

孫中山說：「香港那路人馬、槍械不能過來，你看怎麼辦才好？」

陳少白說：「凡事一旦拖延過期，容易走漏風聲，再發動就非常危險。我想不如先把革命軍解散，等準備好，再行動吧！」

重陽節起義之事，雖然萬般小心，仍是走漏風聲。寫討滿檄

文的朱淇，有一個哥哥朱湘，是清朝廣州政府的一個小官。朱湘看朱淇這幾天忙進忙出，猜想他一定和革命軍有牽連，便用朱淇名義向緝捕委員李家焯告密。李家焯知道這件事，一面派人暗中監視孫中山的行動，一面派人去向兩廣總督報告。

　　兩廣總督譚鐘麟聽到造反的人是孫中山，忍不住哈哈大笑說：「那孫文只是個醫生啊！醫生怎麼可能會造反？你不要胡說。」

　　香港的楊衢雲，不能依照約定的時間到達廣州，是因為他一當上會長，就先組織自己的自衛隊，此舉引起大家的不滿；分配槍械時，又不公平，引起了紛爭。大家都不信賴他，他無法指揮，調不動兵力，無法如期前往廣州。等到孫中山打電報給他，告訴他「貨不要來，以待後命」的決定時，他的人和槍械又已經

上船，所以他又急忙打電報給孫中山，要他「來碼頭接貨」。

不巧的是，楊衢雲用港船運兵械的事，被密探打聽得清清楚楚，緊急打電報請兩廣總督府加強戒備。

譚鐘麟大驚，趕緊下令把長州一千五百名駐軍調回廣州。接著根據朱湘的密報，派李家焯去王家祠堂與鹹蝦欄等地，捕捉革命黨人。

陸皓東知道這件事後，連忙通知同志們躲開，他自己和孫中山等人也盡速離開聚會所。半路上，他突然想起興中會的會員名冊還放在總會裡，所以想折返回總會拿名冊。大家覺得太危險，勸他不要回去。但陸皓東說:「會員名冊若是落在滿清官吏手上，同志還能活命嗎？就算犧牲自己的性命，若能保護大多數的同志，我也無怨無悔。」

　　可是，當陸皓東回去王家祠堂拿名冊，才一進門，清兵就把王家祠堂包圍了。陸皓東知道自己不可能平安脫困，就趕快把會員名冊燒掉。

　　陸皓東被圍攻的清兵逮捕，程奎光、程耀宸等黨人也被捉走。孫中山知道消息走漏，趕緊拍一個「止辦」電報給楊衢雲。但是楊衢雲已經派了丘四、朱貴全等人，率領四百多名革命軍和大批的槍械子彈，前往廣州。當革命軍的船一停靠廣州碼頭，大批埋伏的清兵馬上湧出，將丘四、朱貴全等人逮捕起來。

　　陸皓東就義前，寫下一篇壯烈的供詞，控訴滿清掠奪漢人天下，還亂殺漢人，所以革命志士才要報仇，復興中國。他還說自己死後，一定會有更多人覺悟，繼續革命，清朝一定會滅亡的。這一篇正義凜然的壯烈供詞，是

革命史上非常重要的一篇文章。

　　陸皓東、丘四、朱貴全三人被處死。程奎光挨軍棍六百下，被活活打死；程耀宸病死在監牢裡。這五位先烈是革命史上最先犧牲的人！

倫敦蒙難記

　　1896年9月，孫中山離開美國，乘船到英國宣傳革命。孫中山抵達倫敦後，第二天就去覃文省街四十六號拜訪康得黎博士夫婦。康得黎夫婦對他很好，帶他到附近的一家「葛蘭旅館」，幫他租一間房間，當天就叫孫中山搬進去住。

　　香港西醫書院的前任教務長孟生博士，這時也在倫敦，聽到孫中山來了，非常高興。

　　孫中山在倫敦期間，閒暇之餘，除了常常在康得黎和孟生兩家走動之外，有時也會到大英博

物館逛逛，要不然就是參觀倫敦各地的古蹟。

有一天，他在康得黎家裡吃完晚飯，康得黎向他開玩笑說：「滿清駐英國的公使館就在附近，你要不要去看一看？」

孫中山瞭解老師的幽默，笑了笑，沒有回答。沒想到師母聽了以為他們真的想去，就警告說：「別鬧了！如果被中國公使館的人看到你，你一定會被捉回中國處死的！」孫中山看師母將玩笑話當真，忍不住和康得黎一齊大笑。

10月11日星期日，孫中山和康得黎夫婦約好要去教堂做禮拜。在他前往康得黎家的路上，忽然有個穿著中國服裝的中國人，用英語問孫中山：「朋友，你是日本人，還是中國人？」

「我是中國人。」孫中山回答。

「那麼，先生是哪一省的人呢？」那人又問。

孫中山毫不猶豫的回答：「廣東。」

那個人輕鬆的笑起來，馬上改用廣東話和孫中山邊走邊談，談得很高興。接著又來一個中國人，加入他們的談話。這兩個人一左一右，把孫中山挾持在中間。

不久，走到一戶人家門口，這兩人忽然停下來，對孫中山說：「這是我們家，既然大家是同鄉，就進來坐一坐吧！」

孫中山委婉說明自己與朋友有約，改天再來。這兩個人硬是拉拉扯扯將孫中山帶進屋裡。進了大門，看到來來往往的華人都穿著滿清官服，孫中山才恍然大悟，原來自己已經踏進中國公使館的大門了。

孫中山被強行帶上三樓，關

進了一個有鐵窗的小房間裡。

過一會兒，來了一個白髮的英國老人馬凱尼，他就是設計把孫中山捉住的人。他對孫中山說：「這裡是中國公使館，你到這兒，等於到了中國！」接著又問：「你是不是孫文？」

「是的。」孫中山回答。

「老實告訴你，我們接到美國使館的電報，說你乘船來到英國，他們囑咐我們，一定要設法把你留下來。你安心住在這裡吧！」馬凱尼說。

「請問你們，為什麼事要把我留在這裡？」孫中山問。

「你以前曾經上書朝廷，你的建議很有價值，朝廷到處在找你。我們暫時把你留在這裡，等待滿清政府的命令。」馬凱尼回答。

「要等多久？」

「放心好了，命令很快就到

了。」

「我怕朋友擔心，可以通知他們我在這裡嗎？」

「不行！不過，你可以寫一張紙條，交代葛蘭旅館的人，把你的行李交給我的人。」馬凱尼說完後，給孫中山紙和筆。

孫中山知道馬凱尼想檢查他的行李，將計就計，寫了一封信給孟生博士。信裡寫道：「我現在在中國公使館裡，請您轉告康得黎先生，派人把我的行李送來！」

馬凱尼拿了信，沒有送給孟生博士。他不想讓任何人知道孫中山被囚禁在這兒。

當天晚上，有兩個英國僕人進房間生爐火、鋪床墊，順道打掃一下。孫中山趁機寫兩封信，請這兩位英國僕人幫他把信送給康得黎博士。兩人表面上答應，實際上把信全交給馬凱尼。

孫中山每天寫信求援，但是

他交給英國僕人的信，全到馬凱尼手上。孫中山完全與外界隔絕了。孫中山被囚禁的第四天，那位誘騙孫中山走進公使館的人出現了，這個人叫做鄧廷鏗。他跟孫中山說：「我們已經雇一艘輪船，到時候只要把你捆綁結實，用棉花塞住嘴巴，抬到船上，直接送回國內。你一回到中國，是被審判，還是處死，就不關我們的事了。說不定我們還會受到朝廷的重賞，可以升官呢！」說完後，狂妄的哈哈大笑。

鄧廷鏗又告訴孫中山：「你私下寫信，叫英國僕人幫你轉交給康得黎和孟生，根本沒用。他們都把你的信拿給馬凱尼了！」

孫中山一聽，心中的希望忽然落空。孫中山知道自己越來越危險，到了第七天，英國僕人柯爾來送飯。孫中山決定再試試看。柯爾進入房間之後，孫中山

故意責備他：「你把我出賣了！」

柯爾聽了，驚訝的問：「你這句話是什麼意思？」

孫中山告訴他，他已經知道自己託付的信全到了馬凱尼手上。

柯爾看孫中山實在不像公使館那些中國人說的，是個神經不正常的瘋子，就問孫中山：「你到底是什麼人？犯了什麼罪，為什麼被囚禁在這裡？」

孫中山把自己經歷的事情告訴柯爾，還說一段《聖經》上面記載的阿美尼亞人的故事給他聽。

柯爾問孫中山：「英國政府會幫助你嗎？」

孫中山充滿自信的回答：「英國政府如果知道我被囚禁在這裡，一定會幫助我的。要不然為什麼公使館不向英國政府請示，公開把我遣返中國，反而把我偷

偷關在這裡呢？因為怕讓英國政府知道會出面干涉！」

柯爾離開孫中山房間後，遇到管家賀維太太，他們兩人商量之後，決定幫助孫中山。

隔天清晨，柯爾送來一筐煤炭，裡頭有一張紙條。紙片上寫著：「看在上帝的分上，我已經決定幫助你，不過外面經常有人從鑰匙孔裡監視，你如果要寫信，最好不要讓他們看見。寫好之後，就把信放在煤筐裡，我來收拾爐灰的時候，順便幫你把信帶出去！」

孫中山用名片寫了康得黎的地址，悄悄塞在煤筐裡。柯爾拿了孫中山寫的紙片後，當天下班後，就直奔覃文省街四十六號康得黎家。

康得黎在家裡，一連好幾天見不到孫中山，覺得很奇怪，向旅館的人詢問，他們也說不知

道。直到 10 月 17 日晚上十一點，康得黎家的門鈴響了，康得黎來開門，門口卻沒人，只見地上有一封信。看完信後，才知道孫中山已經被捉到中國公使館裡了。

第二天，康得黎去找孟生博士。康得黎剛到孟生博士家時，柯爾已經在那裡等他了。柯爾本來是到康得黎家找人的，康夫人告訴他康得黎去孟生家，柯爾才會直接到這兒等康得黎。

柯爾進到孟生博士的家後，馬上把孫中山手寫的紙條交給康得黎，紙條上寫著：「我現在監禁在清使館中，再過一、兩天，就會押解回國。期盼你們能儘快來救我，不然就來不及了。」

柯爾把孫中山在中國公使館的生活狀況告訴康得黎和孟生，他們各拿一張名片交給柯爾，請柯爾帶回去交給孫中山，讓他安心。

　　名片上面寫著:「不要喪氣！英國政府正在盡力處理您的事情，再過不久您就可以被釋放了!」孫中山看了之後，非常高興，覺得一切充滿希望。

　　康得黎和孟生前往蘇格蘭場偵緝隊，希望偵緝隊可以幫忙，但他們始終不願意出面處理這件事。離開蘇格蘭場後，他們到外交部求助，適逢星期日休假，所以沒有結果。他們決定先去中國公使館，告訴他們，英國政府和倫敦警署已知道孫中山被囚禁的事。

　　孟生博士對著康得黎說:「中國公使館的人知道你和孫中山很熟，如果我們兩個人一起去，可能會打草驚蛇。不如讓我一個人去公使館吧!」康得黎覺得有理，於是就讓孟生博士獨自一人進入中國公使館。

　　出來接見孟生的人，正是鄧

廷鏗。他一聽到孟生要見孫逸仙，直說這裡根本沒有這個人。不論孟生如何詢問，鄧廷鏗都矢口否認，孟生只好離開公使館。

康得黎和孟生兩人擔心中國公使館知道事情外洩之後，會連夜把孫中山帶走，決定徹夜守在公使館門外。他們請私家偵探看守後門，自己守住前門。

10月19日星期一中午，英國外交部忽然派人通知康得黎，請他把孫中山囚禁一事詳加說明。

英國外交部發現中國公使館確實訂一艘前往中國的輪船，證實前一天康得黎在外交部說的話是真的。因此英國政府馬上採取行動，派六名偵探，暗中包圍中國公使館四周，吩咐附近的警署觀察和注意。

倫敦的《地球報》也刊登中國公使館囚禁孫中山的新聞。這些新聞造成英國人民對中國公使

館的公憤，紛紛打電話給英國外交部質詢。英國外交部傳喚馬凱尼詢問。馬凱尼起先不承認，後來看事情鬧得不可開交，只好承認。

外交部官員說，中國公使館沒有權力在英國領土上逮捕、拘留、押解人犯，要求中國公使館立刻放人。

10月23日下午四點半，困在中國公使館十三天的孫中山終於恢復自由。

孫中山很感激他的老師康得黎與孟生，以及通風報信的柯爾。孫中山成為倫敦的名人，許多團體請他去演講。孫中山把他得到的數百英鎊酬勞全送給柯爾，報答他的救命恩情。

孫中山離開公使館後，在康得黎家住了一個月，用英文寫了一本《倫敦蒙難記》，交給英國漢學家翟爾斯代為發表。

再到日本‧化名中山樵

　　1897 年 7 月，孫中山離開英國，經過加拿大， 8 月 16 日到達日本的橫濱。

　　孫中山到日本橫濱，有兩個日本朋友來接他。這兩個日本人，一個叫宮崎寅藏，一個叫平山周。他們對孫中山很敬佩，奉日本民黨領袖犬養毅的命令迎接孫中山，請教有關中國革命的宗旨與方法。

　　孫中山跟他們談「共和」、「自治」等理想，他們非常佩服孫中山的風度、以及獨到的見解，後來不但成為孫中山的好朋友，還參加中國的革命。日本民黨這時開始瞭解中國革命的性質，這對革命的幫助很大。

　　宮崎寅藏把孫中山的為人以及他們成為朋友的經過，向民黨領袖犬養毅報告。犬養毅對孫中

山感到好奇，希望能與他見面商談。經過宮崎的安排，孫中山到東京拜訪犬養毅。兩人一見如故，談得非常投機。

與犬養毅告別後，平山周陪著孫中山到旅社去安頓下來。依照規定，住宿的客人得在旅客名簿上簽名，平山周想到如果寫上孫中山的真實姓名，可能會導致額外的麻煩。他正好瞥見旅社對面中山侯爵邸的字樣，就隨手寫下「中山」兩個字當作姓氏，孫中山接過筆，又在這兩個字下面加一個「樵」字，這樣就不會暴露他的真實身分。

透過犬養毅的關係，孫中山認識了許多日本政界的重要人物，這對革命事業有很大的幫助。

孫中山在東京住了將近一年，日常所需花費，除了孫德彰託人帶來的金錢之外，有時橫濱

經商的同志也會接濟他。孫中山對生活上的困難並不苦惱，他只是一心一意在為第二次革命作準備。

第二次革命——惠州起義

1900 年 7 月，孫中山從日本回到香港。廣州起義後，香港政府對孫中山下了五年的放逐令。由於期限未到，香港員警禁止孫中山上岸，革命同志只好在船上召開軍事會議。陳少白、鄭士良、楊衢雲、宮崎寅藏、平山周、鄧蔭南和李紀堂，都前來參加會議。

這次會議決定由鄭士良擔任總司令，從惠州起兵；史堅如、鄧蔭南則回到廣州，組織起義後暗殺機關，接應惠州方面；楊衢雲、陳少白留駐香港，籌劃接濟工作。孫中山與宮崎先回日本，派平山周到臺灣布置一切，孫中

山自己隨後再到臺北，從臺灣海峽偷偷返回大陸，親自指揮惠州的革命行動。

新任的臺灣總督兒玉源太郎，他對孫中山革命推翻滿清的決心深表贊同，當孫中山來到臺北後，他馬上派人協助。孫中山很高興，開始在臺北籌備，擴充原來的計畫，不但加聘許多軍官，還叫鄭士良提前發動革命。

鄭士良於 1900 年 10 月 8 日（光緒二十六年農曆閏八月十五日）晚上，在惠州三洲田起義，向新安、深圳等地進攻。

他先派會黨首領黃福率領敢死隊八十人襲擊沙灣，這場戰役中，革命黨人打死四十個清兵，奪走了四十支洋槍和幾箱彈藥。

清兵首戰雖敗，主力並未損失。清將何長清在革命黨人必經路上，埋伏一千名士兵，想阻斷革命黨人去路。鄭士良的部隊只

有六百人， 10月 15 日（農曆閏八月二十二日）又打敗清兵，奪得七百多枝洋槍，五萬多發彈藥，十二四戰馬。

惠州知府沈傳義得到報告，馬上下令將博羅和惠州之間的浮橋截斷，企圖阻止革命黨人前進。兩廣總督德壽連忙命令大批部隊趕到惠州支援。一時之間，清兵的勢力太大，革命軍只好退到惠州鄉間。

清將劉邦盛，調派兵力，打算清除鄭士良的部隊。鄭士良善於用兵，擊敗清兵多次，這段期間得到不少青年的投效，最後多達兩萬多人。

孫中山知道消息後，興奮的去見臺灣總督兒玉源太郎，請他履行諾言，供應武器。沒想到，日本的內閣總理竟然換人。新任的內閣總理大臣伊藤博文非常痛恨中國革命，他命令兒玉總督，

不准幫助中國革命黨。孫中山沒有能力接濟鄭士良，他只好派日本志士山田良政到大陸去通知鄭士良。

鄭士良收到壞消息後，下令解散同志，退回三洲田。不料退到橫岡時，遭遇清兵，與清兵勉強交戰。鄭士良將大家解散，和黃福一起逃往香港。山田良政卻因為迷路，不幸被清兵捉去處決。他是第一位為中國革命流血犧牲的外國志士。

第二次革命失敗了，但是中國人的心理已經開始轉變。不久，孫中山從臺灣前往日本，繼續宣傳革命理念，同時籌募資金，準備第三次起義。

這段期間，楊衢雲在香港被人暗殺，鄭士良也病死香港。這兩位早期的革命同志死了，孫中山心裡非常難過。

惠州起義後，孫中山奔走南

洋_{ㄧㄤ}、歐_ㄡ美_{ㄇㄟ}各_{ㄍㄜ}地_{ㄉㄧ}，直_ㄓ到_{ㄉㄠ} 1905 年_{ㄋㄧㄢ} 7 月_{ㄩㄝ}（光緒三十一年六月）回_{ㄏㄨㄟ}到_{ㄉㄠ}日_ㄖ本_{ㄅㄣ}，這_{ㄓㄜ}時_ㄕ他_{ㄊㄚ}已_ㄧ經_{ㄐㄧㄥ}四_ㄙ十_ㄕ歲_{ㄙㄨㄟ}了_{ㄌㄜ}。

4 同盟會時代

在東京組成同盟會

　　經過孫中山幾次的演講，發表他的革命主張和方略後，各革命團體負責人決定聯合起來對抗滿清。1905年8月18日，在東京赤阪區檜町三番黑龍會會所，召開第一次籌備會議，出席的有黃興、宋教仁、馮自由等七十多人。

　　在此次會議中，大家決定共同推展革命工作，這個聯合許多小團體而組成的大團體，就是「同盟會」。

　　8月20日，同盟會在東京赤阪區覆關阪本金彌邸召開正式成立大會。與會的青年志士共有三百多人，除了甘肅省在日本沒有留學生外，其餘十七省都有留學

生代表前來參加大會。

這次會議，由黃興擔任主席，他提議推舉孫中山為同盟會的總理，全體會員均無異議通過。依照會議章程，同盟會組織採三權分立制，由孫中山親自主持執行部，司法部長由鄧家彥擔任，評議部議長則由汪兆銘擔任。

同盟會成立後，陸續參加的有上萬人。隨後，國內外都紛紛成立同盟會分會，國內的分會分別在上海、漢口、重慶、香港、煙臺等地成立；國外則有南洋的新加坡、比利時的布魯塞爾、美國的三藩市和檀香山等。依規定，所有的分會直接由東京總會統轄管理。

革命的過程中，孫中山深知文字宣傳的重要性。於是，他在香港創辦了《中國日報》，這是中國最早的革命報紙。

另外，革命志士鄒容寫過一本小冊子，叫《革命軍》*，書中痛斥滿清政府的腐敗。孫中山曾經大量印製，送給華僑閱讀，對革命工作幫助很大。

因此同盟會決定籌辦《民報》，作為同盟會的刊物，同時為三民主義做宣傳。1905年11月26日，創刊號出版。孫中山首次提出了民族、民權、民生三大主義。

《民報》的編輯由張繼擔任，胡漢民、汪兆銘、陳天華、朱執信、馬君武、章太炎等，也都在《民報》上發表文章。

當時，保皇黨也辦了一份《新民叢報》。兩份報紙經常就政治議題進行辯論，筆戰的結果啟發了一般讀書人的思想，也更

放大鏡
＊全書分為七章，共兩萬多字。1903年由上海大同書局出版。由於文字淺顯易懂，把皇帝罵得狗血淋頭，銷路非常好。曾流傳到北京，當權者讀了之後，甚至想要告作者毀謗。

了解三民主義的真諦。

第三次革命
——潮州黃岡之役

　　有個潮州青年名叫許雪秋，他的父親是新加坡華僑富商。許雪秋為人慷慨豪氣，大家稱他為「小孟嘗」。他曾在南洋聽黃乃裳宣傳革命，很受感動，下定決心從事革命大業。

　　1904 年（光緒三十年）秋天，許雪秋召集許多青年，準備在潮州起義。清兵知道此事，他只好逃回南洋。後來跟孫中山見面，加入同盟會。孫中山看他在潮州相當有勢力，派他做「東軍都督」，負責主持嶺東一帶的軍務，要他在潮州、汕頭一帶見機行事。

　　許雪秋回到潮州後，約集許多同志，準備在 1906 年 1 月 31 日（光緒三十二年正月初七）起義。當天忽然風雨交加，同志們集合不便，只好

臨時改期。許雪秋打電報給孫中山，向他報告此事。孫中山回電說：「不要冒冒失失發動革命，我們應該聯合潮州、惠州、欽州、廉州四個地方，同時起兵才好。」許雪秋命令各個同志，暫時按兵不動，等候命令。

為了防範革命人士的行動，清兵增加兵力，鎮壓潮州黃岡。1907年5月22日晚上，黃岡北門外頂橫街正在演戲，不少老百姓聚集在那兒看戲。新來的清兵在人叢裡鑽來鑽去，調戲婦女，引起鄉民們憤怒。同盟會會員早就看不下去，上前責罵清兵，一時軍民大打出手。清兵惱羞成怒，逮捕現場滋事的民眾，其中兩位是革命黨人。

革命黨人聽說同志們被捕，再也無法容忍，決定出面營救。

當天晚上九時，七百多位黨人聚集在黃岡郊外的連厝，突然

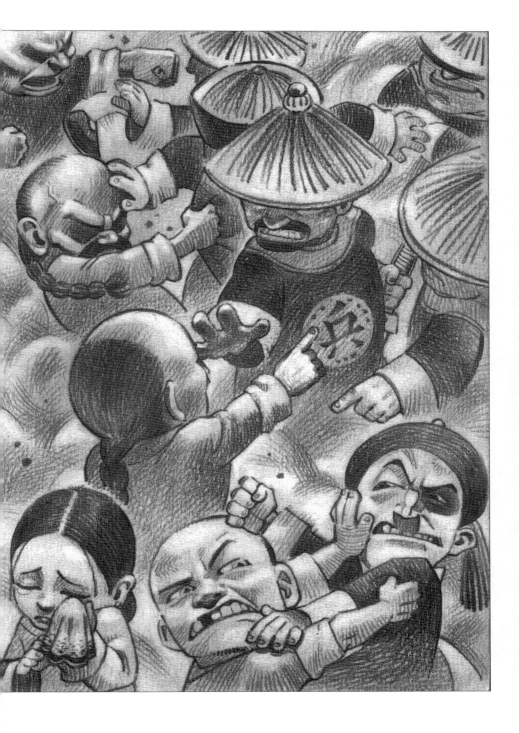

起兵，攻打黃岡城內各衙門。這次臨時起義，許雪秋人還在香港，革命軍無人指揮，大家只好公推余永興為臨時司令，陳湧波為副司令。

一夜之間，革命黨人打敗清兵，把黃岡拿下。黃岡失守的消息傳到廣州，總督周馥大吃一驚，連忙派兵火速趕來。兩天之後，清兵前鋒部隊已到距離黃岡三十里外的井州，革命黨匆忙迎戰。血戰三天三夜，遭到清兵的火力壓制，匆匆退回黃岡。

從起義到再度退守黃岡，戰況僵持六天六夜，革命黨的槍械太差，糧食又不夠，實在打不下去，余永興只好下令解散。

黃岡之役失敗，這是第三次革命失敗。

第四次革命——七女湖之役

在孫中山聽說黃岡起兵之

後，一時來不及接應，只好趕緊派鄧子瑜趕回惠州起兵回應。

鄧子瑜馬上派同志陳純、林旺、孫穩等人返鄉，在離惠州二十里的七女湖，召集二百多人，大破清兵，占領楊村、八子爺、公莊、梁化等地。

惠州城內清朝官吏，全都嚇壞了，火速打電報向廣州求援。廣州總督連夜調兵，叫各地駐軍趕來支援。海軍提督李准甚至把自己的部隊從汕頭調來。

雙方爭戰十多天，革命黨只有區區兩百人，面對好幾千名清兵，他們利用游擊戰術，聲東擊西，指南打北，清軍疲於奔命，叫苦連天。

鄧子瑜後來知道黃岡之役失敗，革命黨的子彈又用完了，糧食也沒有著落，兩百多人獨立作戰，很難繼續打下去。鄧子瑜帶著革命黨人，趁著夜色，趕到澳

化墟附近村落，挖坑把槍械埋起來，宣布解散。

七女湖之役——第四次革命失敗。

第五次革命——欽廉之役

孫中山原先計畫，打算在潮州、惠州、欽州、廉州四處同時起兵，讓清兵招架不住。但黃岡的同志不能忍耐，自行起義；惠州七女湖之役，力量過於薄弱，兩處先後失敗，孫中山布置多時的欽廉兩地起兵，也就更加困難。當時的狀況已經不容許再拖下去，於是，孫中山決定親自指揮欽州起義。

欽州的百姓，大部分都是以種甘蔗製糖維生。平常生活很艱苦，滿清政府還不斷加徵糖稅，所產的糖，幾乎都被收光。1907年（光緒三十三年），老百姓推派代表向官府請求減低捐稅。官府不但不

肯減稅，還翻臉，把代表全部扣押，還要將他們治罪。

憤怒的百姓團結起來，組織「萬人會」，全體拒絕繳稅。當地最有聲望的劉恩裕被推舉為會長。劉恩裕率領眾人進城，衝進衙門，打開牢獄，把扣押的代表們救出來。

官府急忙派兵鎮壓，企圖用武力解散萬人會，百姓不服，抵抗的結果是被清兵用槍打死幾十人。這下子，百姓更加憤怒，聚眾越來越多，勢力越來越大。官府連忙向兩廣總督報告，請求派大軍鎮壓。

廣州方面派數千大軍包圍，槍炮齊開，多數百姓被殺死。滿清官吏以為這樣，老百姓應該不敢再造次。

孫中山在河內得知欽州百姓抗暴之事，派王和順祕密進入欽州，跟萬人會聯繫，決定大規模

起義。從廣州調到欽州的清兵裡，有兩個營的營長——趙聲和郭人漳，暗地裡已和同盟會有來往。孫中山派胡毅生聯絡趙聲，黃興見郭人漳，要他們陣前起義。

這次欽州之役，有萬人會百姓相助，又有兩營的清兵可以聯絡，應是很好的機會。趙聲甚至發給王和順一張通行證，王和順一路平安走到欽州，無人盤查。

王和順到欽州，請梁建葵從萬人會中挑出菁英，組成擁有數百支槍的革命部隊；劉恩裕的姪兒劉顯明也率領數百人趕來參加，勢力十分龐大。

孫中山知道後，馬上打電報給在香港的馮自由，跟在日本的宣野長知，叫他們趕快雇船，把在日本買的槍械彈藥速速運來。沒想到等待軍火的時間過於漫長，加上糧食接濟不上，劉顯明

一怒之下就帶領手下先離開。

王和順只好改變計畫。此時，欽州西南防城縣的駐軍首領劉永德和李之琨，經由王和順的勸說，決定投效革命軍。1907年9月1日，王和順率兵從王光山舉事，一到防城，就得到劉永德和李之琨率眾回應，順利取得防城縣。

革命黨人進城後，紀律嚴明，深受民眾愛戴。整座縣城歡聲雷動，家家都準備以盛宴勞軍。王和順不願讓自己貪圖享受，壞了革命的好時機，把少數部隊交給郭敬川防守，自己率領革命部隊繼續進攻欽州。

不料，天氣突變，下起大雨，大水高漲，淹沒道路。王和順帶部下改走山路，又遇到山洪暴發。革命黨人一步步艱難的前進，原本預定半天就到的行程，整整走了一天一夜。

　　欽州城內守軍幾千人，郭人漳也在內。他看王和順的部隊連五百人都不到，自己也只有五百兵，覺得沒有必勝的把握，不敢起兵回應。

　　得不到郭人漳的回應，王和順不敢輕舉妄動，畢竟欽州城內有數千名清兵。他改變計畫，進攻離欽州一百里，守備空虛的靈山縣。

　　一路上遇到好幾次小隊伍的清兵襲擾，都被王和順一一解決。到了靈山縣，子彈已經不夠用，同時靈山縣也調來大軍防守。

　　王和順見彈盡援絕，深知大事不妙。他怕欽州的清兵趕來包圍，於是繞路前往廉州，向趙聲求援。

　　趙聲本來準備響應，他也只有一營兵力，見郭人漳按兵不動，又聽說有幾千名清兵追過

來，他也不敢妄動。

王和順得不到趙聲的援助，只好率領革命軍退入廣東、廣西交界處的「十萬大山」。

第五次革命，失敗了。

第六次革命——鎮南關之役

孫中山不灰心，他打算改由安南向廣西進攻。

鎮南關位在廣西與安南交界的西南邊境，關內是廣西憑祥縣；關外是安南的諒山縣。此地是極佳的戰略位置，進可攻，退可守，中法戰爭時，清軍好幾次在這裡打敗法軍。

孫中山派黃明堂於 1907 年 12 月 1 日凌晨，率領八十人，從鎮南關後面的小路，突襲鎮南關最重要的「鎮南」、「鎮中」、「鎮北」三座炮臺。

由於事前已經聯絡好，炮臺守軍一百多人，假裝抵抗一下，

然後舉手投降。不到中午，青天白日的革命軍旗，已經在鎮南關的天空隨風飄揚。

　　當天下午，孫中山率領黃興、胡漢民、胡毅生、盧伯琅、張翼樞等人，還有對中國革命表示同情的法國退役軍官狄上尉、日本志士池亨吉等，親自趕到鎮南關，受到黃明堂和關上的同志熱烈歡迎。這是孫中山在廣州首義失敗後，首次踏上祖國的土地，時光匆匆，竟然已經過十二年了！

　　孫中山和法國退役軍官狄上尉檢查各炮臺的結果，發現只剩幾座炮臺，還有一些大小炮彈，可供使用；但是步槍的數量太少，形成只能坐守，無法進攻的局面。

　　第二天，四千名清兵大舉進攻鎮南關。狄上尉憑著他優秀的技術，一炮就射中了清軍陣地，

打死了幾十名清兵，清兵馬上混亂起來。

鎮南關畢竟炮多槍少，一旦清兵包圍，革命黨只能固守城池，無法往前衝鋒。黃明堂力勸孫中山離開此地，回到河內去。孫中山聽從建議，離開鎮南關，回安南河內。

清兵見炮臺上無人發槍，料到必定是步槍太少，就從四面包圍上來。黃明堂艱苦抵禦，血戰七天七夜。12月8日半夜，炮彈打完，糧食吃完，只好棄守炮臺。黃明堂率領一百多人，放棄鎮南關，奮勇突圍，退到安南邊境「燕子大山」裡。

第六次革命至此失敗。

第七次革命
——欽廉上思之役

孫中山從鎮南關回河內的時候，被清探一路跟蹤，滿清政府知道後，便向法國政府交涉，要求安南總督將孫中山驅逐出境。

孫中山離開安南，到新加坡去。臨走前，孫中山把廣東、廣西、雲南三省的起義計畫，交給胡漢民和黃興主持。同時派黃興再去欽州、廉州，聯絡革命同志再次起義；黃明堂去雲南邊界河口鎮活動；胡漢民待在河內負責接濟聯絡。

1908 年 3 月 27 日，黃興率領革命軍，從安南進入廣東東興縣。他們的人數只有二百多人，但紀律嚴明，高舉著青天白日的革命旗幟，吹著號角，踏著步伐整齊的列隊前進。所到之處，老百姓都站在路旁歡迎。於是，革

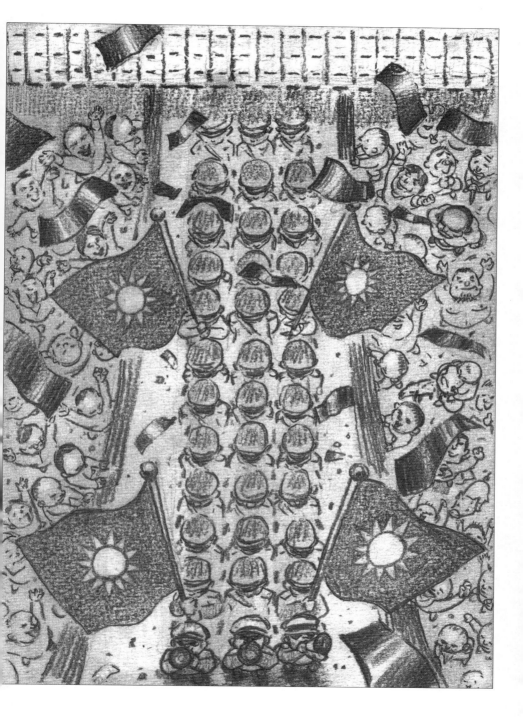

命黨順利的占領東興縣城。

足智多謀的黃興派遣少數部隊，稍加進攻隨即假裝失敗撤退，引誘清兵追下山來。他把剩下的革命軍分成三路，一路占據對面山上險要之地，對清兵射擊；一路埋伏田邊，從兩側攔腰狙擊；另一路以最快的速度，繞到清兵後面攻擊。

清兵看革命黨勢單力薄，一路狂喊衝下山，突然遭到革命黨人三路夾攻。清兵一時反應不過來，只得四散奔逃。

黃興打敗的清兵，有些是郭人漳的部屬。郭人漳很不甘心，他不但不幫助革命黨，反而親自率領三千大軍攻打黃興的部隊。

清兵為了包圍黃興，力量分散四處，反被黃興炮火潰敗。清兵搞不清楚革命黨到底有多少人，落得大敗、落荒而逃。連郭人漳的大旗和座馬，都被革命軍

奪去。

　　黃興起兵時，僅僅兩百人，以戰神之姿橫掃千軍，先後打敗清兵十二個營。從此，只要聽到「黃克強」（黃興的號）三個字，沒有人不聞風喪膽。

　　此時，黃興手下已有六百多人，東征西討，無往不利。十萬大山附近，從欽州到上思，全被黃興拿下了。

　　然而，這一帶瘴氣＊很重。不少革命黨人生了病，無法作戰；清朝方面，因被革命黨的氣勢震住，派了更多人馬從四面八方攻來。黃興前後作戰四十多天，面對這樣的情況，已無法再打下去，只好把部隊藏到十萬大山，自己帶著黎仲實等人，退回安南河內。

放大鏡

＊瘴氣　是山裡的一種毒氣，有時帶著天然瓦斯，有時還有瘧疾的病原體。人一旦碰到瘴氣，就會容易生病。

第七次革命——「欽廉上思」大戰是革命軍作戰最久的一次，但最後仍然宣告失敗。

第八次革命——河口之役

孫中山離開安南時，交代黃興在欽廉一帶起義，也派黃明堂在河口起義。

1908 年 4 月 29 日深夜，黃明堂率領王和順、關仁甫，以及參加過鎮南關之役的一百多位同志，從老街渡過紅河進入中國。

革命黨一到河口，當地員警隊立刻反正＊，巡防營黃元楨率領的兩哨部隊也加入革命黨。革命黨的力量一瞬間增加到五百多人，隨即將河口攻下。革命黨勝利後，得到一千多支毛瑟槍，二十萬發子彈，人數也達到一千多

 放大鏡

＊就是指原先隸屬於清兵管轄的軍隊，棄暗投明，轉而投靠革命軍，共同對抗原來所屬的滿清政府。

人。

黃明堂率領革命黨持續向北推進，到了滇越鐵路線上二十公里處的十排附近。鐵路清兵首領李蘭亭、黃茂蘭兩營反正，送上步槍兩百支、子彈三萬發，稻穀一百石。

革命黨一路前行，到鐵路線七十公里處時，已經有浩浩蕩蕩三千人。可惜黃明堂、王和順、關仁甫都不是大將之才，沒有管理地方的能力，許多投降的清兵和革命軍不合，加上缺乏獎金鼓勵，大家都懶洋洋的不願聽指揮。原先計劃進取昆明，卻在河口停留七天。

孫中山在新加坡收到消息，任命剛從欽廉上思退回河內的黃興為「雲南國民軍總司令」，要他到河口帶領革命黨，利用滇越鐵路進攻雲南省城昆明。

黃興趕到河口之後，催促黃

明堂趕緊沿著鐵道進攻昆明。商量半天，黃明堂遲遲無法決定。

黃興又急又氣，決定親自領兵出發，要求黃明堂撥一部分軍隊給他。黃明堂給他一百人，黃興率兵出發後，走不到一里路，這些人不是叫苦連天，就是不服命令，再走半里路，人幾乎逃光。

黃興沒辦法，回到河口，再向黃明堂要兵。那些投降的清兵沒人願意作戰。黃興知道非用自己的部隊不可，決定回河內，打算把以前跟他在欽廉作戰的同志再找來。沒想到，他在安南遭法國員警逮捕，胡漢民急急跟法國人交涉，一時疏忽，不小心讓清廷密探知道。滿清政府要求安南政府把黃興驅逐出境。黃興不得不離開安南，到新加坡去和孫中山會合。

黃明堂在河口附近轉了一個

多月，最後支撐不住，只好率領部隊退回安南。

此次雲南河口起義，一開始有數千名清兵投降，這些清兵紀律腐敗，根本無心參與革命，黃明堂傷透腦筋，也造成第八次革命的失敗。

第九次革命
——廣州新軍之役

1908 年（光緒三十四年）冬天，光緒皇帝和慈禧太后相繼去世，三歲的溥儀繼承皇位。此時滿清政府被賠款和外債壓得喘不過氣來，國內人心動搖。

胡漢民奉孫中山之命，到香港成立同盟會南方支部。原先在廣東擔任新軍標統的趙聲，也辭去軍職來到香港，跟胡漢民、黃興一起為革命奮鬥。

有個名叫熊成基的人，趁著光緒皇帝和慈禧太后病故時，率

領一千多人在安慶起義，不過很快被清兵打敗。

參加這次起義，有個叫倪炳章，安徽合肥人，曾在安徽新軍炮兵營擔任要職。熊成基失敗後，倪炳章在安慶躲躲藏藏一陣子，便改名換姓到廣州，經過趙聲的介紹，在新軍炮營中擔任排長。

倪炳章此時改名為倪映典，他的煽動力很強，精力旺盛，不到兩個月，全團的人都認識他。協統知道這件事後，認為他形跡可疑，將他撤職。

撤職後，倪映典在廣州天官里五號，雅荷塘六十七號租房子，設立機關，作為聯絡新軍之地。他還把香港《中國日報》印行的《革命先鋒》、《外交問題》、《立憲問題》等小冊子，大量散發給新軍。許多新軍的士兵讀了這些宣傳刊物，深受感

動。短短幾個月內，廣東新軍的下級軍官與士兵，就有三千多人加入同盟會。

胡漢民看到這樣順利，決定在隔年元宵節之後起義。

不料歲末，農曆十二月二十八日，新軍華宸衷和香港員警發生誤會，引發衝突遭到逮捕。押回警局的路上，巧遇新軍兄弟前來搭救。那些員警招來更多員警，不問青紅皂白，舉棍亂打，新軍寡不敵眾，又一人遭到逮捕。

這一鬧，憤怒的新軍顧不得過年，一擁而出，殺傷不少員警，還破壞警局。兩廣總督怕事情鬧大，下令關起城門，直到農曆初二都不許開城。

新軍等著起義，廣州城卻風聲鶴唳，情況實在不太妙。倪映典看局勢有變，急忙趕去香港，建議南方支部，提前起義。大家

商量後，決定把起義日期，提前到正月初六。

起義日期決定後，倪映典趕回廣州。隔天是農曆春節，大過年期間，輪船停開。倪映典2月12日（農曆初三）才回到廣州。一回到廣州，見新軍一團混亂。倪映典前往炮營，準備勸同志們安定下來。回到營區時，見第一營營長齊汝漢正召集全營官兵，要弟兄們不要上革命黨的當，遵從上級指示，把槍械繳回。

如果大家真的繳出槍械，那還談什麼革命？倪映典拔槍槍斃了齊汝漢，當場宣布起義。

倪映典帶著三千多名新軍，向廣州城大舉進攻。海軍提督李准早已調來最精銳的部隊，擋住去路。清兵派人勸降，談論中槍炮齊發，倪映典首當其衝，中彈陣亡。倪映典死後，革命軍乏人領導，經過一番混戰，四散而

逃。

第九次革命 —— 廣州新軍起義，沒有成功。

第十次革命
——黃花崗七十二烈士

1911 年 2 月，大家開始分頭進行起義的籌備工作。

黃興和胡漢民也從南洋來到香港，在香港跑馬地三十五號，設立統籌部，由黃興擔任統籌部長，趙聲擔任副部長，胡漢民為祕書長。另外還在武漢設立機關，由居正、孫武等人主持，譚人鳳也到武昌去跟當地同志商量起義後如何回應。

1911 年 4 月 8 日（農曆三月初十），香港統籌部決議十路進攻廣州。原先計畫的「選鋒」五百人可能不夠，於是增加到八百人。會議中，一開始決定農曆三月十五日起兵，因為籌備不及，將起義日

期延到二十八日。

當天發生溫生才刺殺廣州副督統孚琦之事，滿清官員提高警覺，嚴加戒備，起義的計畫變得更加困難。

農曆三月二十五日，黃興到廣州，和「選鋒」碰頭，發現向西貢和日本購買的軍火要到二十九日才會送來，不得已只好把發難的日期再延到二十九日。

二十八日中午，喻培倫和林時爽對黃興說：「事情已到了這個地步，與其坐以待斃，不如同心合力，按既定日程起義。」

黃興十分贊成，當天晚上，大家聚在一起開行前會議，決定二十九日下午五點三十分發動。由黃興帶領一小部分人，攻打總督衙門；姚雨平指揮第二路，進攻小北門；陳炯明進攻巡警教練所；胡毅生率兵進攻大南門。

香港統籌部接到黃興的電報

後，決定第二天早上搭船前往廣州。因船載不下那麼多人，只好讓一部分人改搭晚上的船，三十日清晨就可以到廣州會合。

4月27日（農曆三月二十九日），廣州城所有革命黨人都聚集在小東門的機構裡，穿著黑布膠鞋，佩白布臂章，準備起義。下午四點多，黃興向大家演說，鼓舞士氣，這時，從香港搭早船來的譚人鳳抵達現場，他連忙向大家報告香港的情形，請求延緩一天起義。

黃興聽了，氣得直跺腳，他對著譚人鳳大吼：「老先生，你不要擾亂我的軍心！」

譚人鳳看黃興心意已決，起義勢在必行，他也不落人後，跟黃興要槍，準備加入起義陣容。

他畢竟是個五十二歲的人啊！黃興拒絕他的要求，說：「這是敢死隊，很危險的，你的年紀

大了了，何必自討苦吃？」

　　譚人鳳不服氣的說：「難道你們年輕人敢死，我就怕死嗎？」

　　下午五點二十五分，黃興領著一百多人，從小東門衝出去，向總督衙門前進。第十次革命開始了！

　　黃興率領同志，直搗總督衙門，打死衛兵，卻讓兩廣總督張鳴岐逃走。退出衙門後，在東轅門遇見了李准和他領導的大隊清兵，雙方打起來。林時爽頭部中槍，當場犧牲；黃興右手中彈，斷了兩根手指，鮮血直流，腳上也中一槍。

　　他把部下分成三路，由徐維揚帶領花縣同志，猛攻小北門，以接應城外的新軍；劉梅卿、馬侶則帶領部分同志，進攻督練公所＊；黃興親自帶著方聲洞、朱

＊有點像現在的訓練團。

執信、何克夫等十多人，出大南門，跟巡防營會合。

黃興等人，行進到雙門底時，見到一大隊巡防營，帶隊的軍官溫帶雄，一看到革命軍就用廣東話大聲叫著「兄弟！兄弟！」他們雖然奉李准之命進城攻打革命黨人，其實都是革命同志。為了行動方便，他們打算到總督衙門活捉李准後再反正，所以沒有佩帶識別用的白布臂章。

革命黨為了保守祕密，採取縱向聯繫，很多同志彼此都不認識。

溫帶雄看到黃興這批人佩帶白布臂章前來，知道他們是革命同志，高興的用廣東話大喊「兄弟！」然而，革命黨這邊，走在最前面的方聲洞，他是福建人，聽不懂廣東話，見溫帶雄臂上沒有白布臂章，以為是敵人，就開槍把他打死。巡防營的人見對方開

槍，也拔槍開打，方聲洞當場陣亡。

這個誤會，導致革命黨自己人打自己人的窘況。

另外兩路同志，遇到大隊清兵，有的被殺，有的被抓，只有朱執信、何克夫、劉梅卿等逃出來。林覺民、龐雄、陳可鈞、李雁南、宋玉琳、羅仲霍，李文甫、韋雲卿等四十多人遭清兵逮捕處死。

第十次革命完全失敗。這是孫中山領導革命以來，最為可歌可泣的一次。

滿清官員對革命黨恨之入骨，起先下令不許收葬烈士屍體，直到 5 月 1 日（農曆四月初三），才通知廣州的幾間慈善機構幫忙收屍。原先打算把烈士遺體葬在東門外的「臭崗」，經過同盟會會員潘達微出面和各個慈善機構商量後，才把七十二名烈士的遺

體，一同葬在廣州近郊的「紅花崗」上。

為了紀念這次起義的烈士，將「紅花崗」改為「黃花崗」，這些為革命犧牲的烈士，則被稱為「黃花崗七十二烈士」＊。

參加這次革命的烈士，大多數是年輕人，後來的國民政府把 3 月 29 日＊這天，定為「青年節」，紀念這些為國犧牲的青年烈士。

當時孫中山正在芝加哥籌募革命經費，他從報紙看到廣州起義失敗的消息，心中十分焦急，立刻打電報給香港統籌部，詢問

放大鏡

＊後來調查發現，這次殉難的烈士還有十四人，只是當初收屍時沒被收到，所以實際上一共有八十六位烈士在這次的革命中犧牲。

＊實際上的日期是農曆三月二十九日。起義當時大家習慣使用的是農曆，不過到了訂定節日的時候，卻已經習慣使用陽曆了；為了不要讓大家忘記青年革命烈士為救國而犧牲的英勇時刻，所以才會把陽曆的 3 月 29 日定作「青年節」。

詳細情形。直到 5 月 2 日，孫中山才收到胡漢民的覆電，第一句話就是:「克伯展歸」，孫中山看了馬上露出笑容。

旁邊的同志覺得奇怪，不知道孫中山在笑什麼。孫中山跟他們解釋:「克，指的是黃克強，就是黃興；伯，是趙伯先，也就是趙聲；展，是指胡展堂，即胡漢民。我一直擔心他們的安危，現在知道他們都安全回到香港，我就放心了!」

第十一次革命——武昌起義

1911 年 7 月 31 日，在上海成立同盟會中部總會。各省共有三十三位代表來參加，選出宋教仁、譚人鳳、陳其美為中部總會幹事。再派居正、焦達峰、範鴻仙等人，分別主持湖北、湖南、安徽分會，各分會都直接受上海總會的指揮。於是，革命重心從

南方的廣州一帶，往北移到長江流域，重點放在武漢。

秋天，武漢總會把入會的兩千名新血，加以組織編排，設立排長和隊長。同時決定在 10 月 6 日（農曆八月十五日）中秋節晚上起義，由宋教仁、譚人鳳、陳其美主持。

沒想到，還沒到中秋節，起義的消息竟然走漏，傳遍武漢三鎮，滿清官兵嚴加戒備。 10 月 4 日（農曆八月十三日），湖南方面又派人送信來，來不及在 10 月 6 日（農曆八月十五日）起義，必須延期。武漢方面只好下令把起義日期改到 10 月 16 日（農曆八月二十五日）。

10 月 9 日（農曆八月十八日），漢口俄租界裡的革命機關被查獲，所有的文書名冊都被搜走，滿清官吏下令關城門，搜捕革命黨。武昌的同志聽到這個消息，決定在當天晚上起義。可是還沒發動，

就被大批清兵包圍，武昌地區的革命計畫宣告破滅。

隔天，10月10日（農曆八月十九日），武昌城門緊閉，戒備森嚴。不但把士兵的槍械收回，還禁止他們請假、會客。清兵根據搜來的名冊，把革命黨人一個個抓出來。

第八營的革命黨代表熊秉坤見滿清巡防營已經派人監視他們，就召集各隊代表祕密商量。他跟大家說：「我們的名冊已經被搜去，若被抓走，橫豎都是死，不如先下手為強。大丈夫，要死就死得轟轟烈烈、驚天動地才值得！」

大家聽了熊秉坤的話，頓時充滿信心與勇氣，決定當天下午三點發動。因為下大雨，又臨時改到晚上七點到九點之間發動。他們的槍彈都被收回，好不容易收集到五排子彈，這是起義時的

全部槍彈。

熊秉坤開始分頭聯絡起義事宜，沒想到，才剛部署好，卻被排長陶啟聖發現。他帶著衛兵突襲檢查，正巧見到金兆龍、程定國等人在擦槍裝子彈，厲聲問：「你們擦槍幹什麼？想造反嗎？」

金兆龍回他一句：「造反就造反，怎樣？」

陶啟聖一怒，飛身向前，立刻捉住金兆龍的雙手，兩人扭打起來。

金兆龍一邊抵抗，一邊大喊：「同志們，現在不動手，還要等到什麼時候？」

程定國怕開槍打到金兆龍，只好用槍托打陶啟聖的頭。陶啟聖被他打得頭破血流，放開金兆龍往外頭逃跑。程定國朝他開一槍，打中他的腰，陶啟聖負傷倒地。

程定國這一槍，乃是石破天

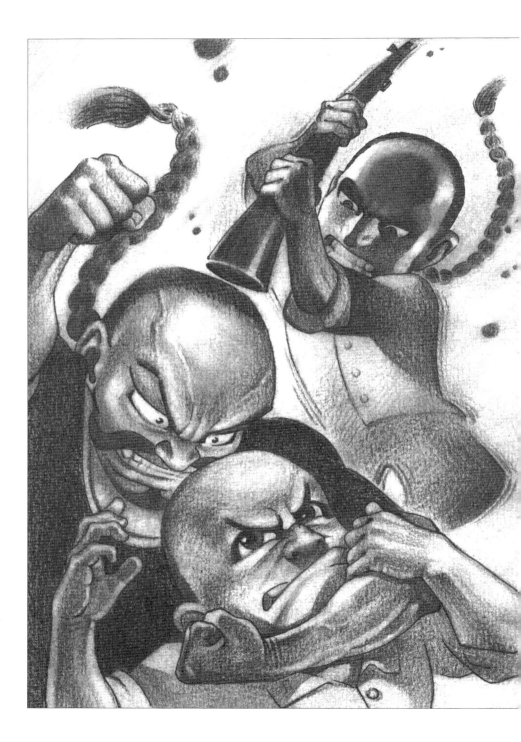

驚的第一槍，揭開了武昌革命的序幕，也打通了中華民國的開國之路！

革命黨人聽到槍響，立刻全營響應，霎時之間，到處都是號召起義的槍聲。

熊秉坤立刻集合隊伍，直攻楚望臺軍械庫，奪取槍彈，並以此地作為湖北革命黨大本營。

吳兆麟和酈名功，各自率領士兵，分兩路進攻總督衙門。武昌總督衙門易守難攻，清兵把握這個優勢，在王府口、保安門等地架起機關槍向革命黨掃射。

革命黨人攻了幾個鐘頭，正一籌莫展時，忽然聽說炮兵隊同志已經在蛇山架起大炮，只要在總督衙門前放火，就可讓炮兵隊認清目標。

蔡濟民在總督衙門附近放火，蛇山的炮兵看到火光後，立即炮轟總督衙門，蔡濟民趁機率

領部下進攻。隆隆炮聲嚇得總督瑞澂魂飛魄散，連忙派人在後院圍牆挖洞逃走。

革命黨一夜之間攻下武昌城。

這次的起義時間是在 10 月 10 日的晚上八點，所以政府就把這一天定為中華民國的國慶日。

武昌起義*成功後，孫中山遠在美國，黃興、宋教仁也不在武漢。此時革命黨需要一個有聲望的領袖，大家臨時推舉黎元洪出來領導，組成湖北軍政府，公推黎元洪為中央大都督。

武昌起義成功，全國各地的同志都起兵回應。長沙、西安、九江、太原、雲南、上海、杭州、貴州、蘇州、廣西、鎮江、安慶、福州、廣州等各大城市先

放大鏡　＊由於 1911 年是辛亥年，所以也有人把「武昌起義」說成「辛亥革命」。

後回應。中華民國於是誕生。

當選臨時大總統

武昌起義時，孫中山正在美國籌款，看到報紙上斗大的標題寫著「武昌為革命軍占領」，非常高興，本想直接回國。但他深知外交舞臺的重要，所以決定先進行外交工作。

11月24日孫中山回到香港。胡漢民勸孫中山暫時留在廣東，將廣東的軍隊整頓好，再把滿清殘餘的勢力消滅之後再離開。但孫中山認為他不去上海、南京，國內外的大事就沒人主持。

12月25日，孫中山帶著胡漢民抵達上海。未到上海之前，各大報記者都謠傳孫中山帶了很多錢回來支持革命，可是孫中山告訴大家:「我沒有一文錢，我帶回來的是革命精神。」

12月29日，各省代表在南京

召開臨時大總統的選舉大會。符合資格的候選人有三個，分別是孫中山、黃興和黎元洪。出席的有十七個省代表，每個省各投一票，總共有十七票。投票結果，孫中山得到十六票，因此，孫中山當選中華民國第一任臨時大總統。

臨時政府決定改用陽曆，所以，辛亥年農曆十一月十三日，就是中華民國元年（1912年）1月1日。

孫中山當選臨時大總統後，掌握滿清軍權的袁世凱很不高興，反對和臨時政府和談。此時，孫中山主張用武力解決，袁世凱看苗頭不對，派唐紹儀說明願意和談。最後雙方談成了幾項條件：首先，清帝宣布退位，同時袁世凱必須宣布絕對贊同共和。清帝退位後，孫中山立刻辭職，請參議院選舉袁世凱為臨時

大總統。袁世凱當臨時大總統後，需宣誓遵守參議院訂定的憲法。

孫中山提出這些條件後，袁世凱見目的已達，便命令段祺瑞等四十二個將領，逼迫皇帝退位。滿清皇朝原先不願答應，在袁世凱武力要脅下，民國元年 2 月 12 日，宣統皇帝溥儀宣布退位。

溥儀退位，孫中山向參議院提出辭呈，推薦袁世凱任臨時大總統。

3 月 8 日，袁世凱在北京就職，唐紹儀被提名為內閣總理。

孫中山從 1 月 1 日就職，到 4 月 1 日卸任，剛好三個月。這三個月內，他促成南北統一，頒布《臨時約法》，通令全國禁止吸食鴉片，剪辮子，禁止女性纏足，革除「老爺」、「大人」等稱呼，完成許多他很久以前就立

志要做的事。

卸任後，孫中山在全國各地旅行，宣揚三民主義。南京、上海、武昌、福州等地，都有孫中山的蹤跡，最後回到十七年沒有回來的廣州。

8月間，孫中山到北京去跟袁世凱碰面。在北京的一個月期間，他和袁世凱會談十三次。談話內容包含鐵路、實業、外交、軍事等問題。

孫中山表示他願意辦鐵路，袁世凱就請他擔任全國鐵路督辦。孫中山接受了這個職位，充分展現了他願意和袁世凱合作的誠意。之後，他到處演講與鐵路建設有關的政策，同時考察各地鐵路的建設情形。

討伐袁世凱——二次革命

民國成立後，同盟會由原先的祕密組織，一躍而成公開的政

黨。8月25日，國民黨正式宣告成立，孫中山被選為理事長，黃興、宋教仁等八人當選為理事，胡漢民、張繼等三十人為參議，還有名譽參議，各部幹事等，共三百多人。孫中山雖然被推選為理事長，但實際上是由宋教仁代理其職務。

宋教仁擔任國民黨代理理事長時，到處發表演說，主張內閣必須由政黨組織，才能發揮責任內閣制的精神。他做事有理想，有魄力，袁世凱對他又怕又恨。

宋教仁主持有功，國民黨在國會議員選舉中，大獲全勝。選舉後宋教仁成為多數黨領袖，擔任責任內閣總理。袁世凱妄想一人統領天下，根本不想採用責任內閣制。所以袁世凱決定暗殺宋教仁。

民國2年3月20日晚上十點，宋教仁在黃興、廖仲愷等人

的陪同下，到上海車站準備搭火車前往南京。在剪票口，一名男子忽然靠近，對著毫無戒備的宋教仁開了一槍。黃興等人趕緊將宋教仁送到醫院急救，但傷口接近心臟，第二天凌晨三點多，宋教仁就去世了。

宋教仁被暗殺時，孫中山正在日本考察鐵路，得到消息後，馬上趕回上海。孫中山認為這樣下去，袁世凱一定會為了自己的野心背叛民國，他主張討伐袁世凱。

宋教仁被暗殺的真相公布後，袁世凱知道孫中山不會饒過他，於是向英、法、德、俄、日五國銀行團交涉，跟他們借了二千五百萬英鎊，打算用來對付革命黨。除了收買議員和政客，袁世凱還添購軍火，擴充軍隊，派兵鎮壓南方的革命黨人；還下令把反對他的三省都督（江西都督

李烈鈞、廣東都督胡漢民、安徽都督柏文蔚）免職。這三人都是國民黨黨員，他們被免職後立即起兵討袁。

此外，南京、上海，還有廣州、福建、湖南等地都紛紛加入討袁的行列，大家都不齒袁世凱的行為。孫中山則直接打電報給袁世凱，勸他辭職。但袁世凱惱羞成怒，下令撤銷孫中山籌辦全國鐵路的職權。

一共有六、七省起兵討袁，加起來兵力超過十萬人。可惜大家的步調不一，有些人甚至被袁世凱收買，因此招致討袁行動失敗。這是民國成立後發動的革命，又稱「二次革命」。

袁世凱出錢收買共和黨、民主黨、統一黨的議員，將他們合併為進步黨，來對抗國民黨。袁世凱威迫國會，選他做正式總統。當了正式總統後，他下令解

散國民黨，撤銷國民黨籍的國會議員。如此一來，出席國會的議員便無法達到開會的法定人數。不能開會，袁世凱宣布解散國會。

袁世凱通令全國，捕捉孫中山和革命黨重要幹部。孫中山從福州乘船到臺灣，再走避日本。孫中山覺得國民黨內分子複雜，組織散漫，是造成第二次革命失敗的原因。他把國民黨改組為「中華革命黨」，要求每一個黨員都要了解三民主義的精神，且能服從他的領導。

民國4年8月間，袁世凱見革命黨勢力已被削弱，再度興起當皇帝的念頭。由於他曾經宣誓贊成共和，所以現在只得另外派人成立「籌安會」。籌安會的目的是鼓吹帝制，表面上所有成員都極力推薦袁世凱當皇帝，實際上這些人全是被袁世凱收買，共

同演出這場戲罷了。

　　起初袁世凱假意推辭，民國4年12月12日，他終於露出真面目，穿上龍袍，當上皇帝。把中華民國改成「中華帝國」，總統府改為「新華宮」，民國5年改為「洪憲元年」。

　　籌安會剛成立的時候，孫中山見袁世凱背叛民國，9月18日下令中華革命黨討伐袁世凱，號召黨人，一齊起義，合軍北伐。

　　李烈鈞和蔡鍔在雲南起義。民國5年1月到3月間，貴州和廣西也相繼宣布獨立。中國西南三省連成一氣後，聲勢浩大。袁世凱看情形不對，3月22日自行取消皇帝的名義，回頭當大總統。

　　這時全國人民因為他背叛民國，硬要他下臺。連他最親信的四川將軍陳宦，也在5月22日起兵反袁。27日，又有一位他最信

任的湯薌銘，在湖南宣布獨立。

袁世凱面對手下的背叛，氣得一病不起，終於在 6 月 6 日去世。

5

中國國民黨時代

任職非常大總統

　　民國 6 年 7 月間，孫中山和外交部長伍廷芳、海軍總司令程璧光等人商量，共同組織軍政府，組成「護法軍」，保護國家的法律。8 月 31 日，通過「中華民國軍政府組織大綱」，選舉孫中山為海陸軍大元帥。孫中山就任大元帥後，廣東、廣西、雲南、湖南都在他的領導之下。

　　然而，廣西的陸榮廷，對護法毫不關心。孫中山和海軍的來到，讓他的勢力受到威脅，他很想要把孫中山擠走，所以提議把軍政府改組為七個領袖。許多軍人懷有野心，都贊成這個提案。如此一來，等於取消了大元帥。陸榮廷發覺海軍總長程璧光對孫

中山忠誠不二，可能會對他們改組軍政府的計畫有負面影響，便派人刺死程璧光。

民國7年5月4日通過改組軍政府案後，孫中山見護法一事毫無前途可言，決定離開廣州到上海。

孫中山到上海後，定下心來致力寫作。他潛心思考，利用一整年的時間，完成革命建國具體方案——《建國方略》＊；民國

＊《建國方略》 分為心理建設、物質建設、社會建設三大部分。

在心理建設方面，孫中山檢討革命事業之所以進行得不順利，是因為一般人覺得他的理想太高，不容易實現。中國人自古以來都覺得「知易行難」，以為了解事情很容易，真的要做就沒那麼簡單。孫中山一方面嚴厲批評傳統的思想，一方面積極建立「知難行易」的革命理論。他以飲食、用錢、作文、建築、造船、築城、開河、電學、化學、進化等十種日常生活，跟幾十年的革命經驗，來證明「知難行易」的真理。最後歸納出幾點原則：「能知必能行，不知亦能行」，以及「有志竟成」。

物質建設方面，孫中山用英文寫成《實業計畫》，為未來中國畫好一幅建設藍圖。計畫內容是利用外國的資本人才，來開發中國富源。

社會建設方面，則是民權的初步。孫中山認為要實施三民主義，必須先實行民權。而民權的發達必須仰賴民眾的團結。

　　8 年 10 月 10 日，將中華革命黨改為「中國國民黨」。黨員都是對孫中山忠心耿耿的同志，跟以前風氣散漫的國民黨不同，是有前途、有作為的革命政黨。

　　民國 9 年，孫中山命令陳炯明為粵軍總司令，率領粵軍，出兵攻打陸榮廷等桂系軍閥。

　　9 月 16 日，陳炯明從福建南部率領部隊分三路推進，士氣旺盛，很快就攻下廣州。陸榮廷不得已只好帶著殘兵，狼狽的逃回廣西。

　　11 月 10 日，陳炯明被推選為廣東省長兼粵軍總司令。之後，孫中山也率領伍廷芳等人回到廣州。29 日，恢復軍政府，重開政務會議。

　　這時，北方軍閥各自擁兵，自成派系，形成一片混亂的局面。

　　吳佩孚原是段祺瑞手下的

人，卻反過來攻打他。攻潰段祺瑞之後，段祺瑞下臺逃走，馮國璋大總統的地位也不保，曹錕、吳佩孚就把徐世昌捧為大總統。

孫中山見北方鬧得亂糟糟，實在看不下去。民國10年4月7日時，經由國會會議，取消軍政府，組織中華民國政府。經由非常時期的選舉，孫中山在兩百二十多位代表中，得到兩百一十三票，當選為「非常大總統」。

廣州蒙難——陳炯明叛變

孫中山決心北伐，曾召陳炯明商議，但陳炯明已和北方軍閥吳佩孚聯絡，不願聽從命令。孫中山只好叫他守住廣東，負責供給軍火、糧食即可，孫中山自己擔任大元帥，在廣西指揮各軍，準備北伐。但陳炯明沒有供給任何物資給孫中山的軍隊，北伐工作根本無法進行。

　　孫中山發覺陳炯明漸漸靠不住，只好回到廣州坐鎮。

　　孫中山趕回廣州後，想要召集陳炯明訓話，但是吳佩孚已以五百萬元收買陳炯明。眼看陳炯明叛變在即，同志們紛紛勸孫中山離開廣州，孫中山堅決不走，他認為陳炯明追隨他革命多年，不會做出反叛的事情。

　　民國11年6月15日晚上十點鐘，孫中山接到密告，粵軍要來圍攻總統府，請孫中山即刻離開總統府，孫中山不走。直到午夜十二點，總統府祕書林直勉趕來總統府，再三勸告孫中山離開。但是孫中山堅決留下，還說：「陳炯明就算真的作亂，我又怎能輕易屈服於他？應該要挺身去討伐他才對！」

　　16日凌晨兩點多，陳炯明的部下前來總統府密告，陳炯明準備二十萬元，作為除去孫中山的

賞金，約定事成之後，各營士兵可以放假三天。孫中山還是不大相信，忽然聽到陣陣軍號聲傳來，林直勉知道叛軍已到，他護主心切，只好派人硬把孫中山帶走。

到了街上，遇見大批叛軍，孫中山非常鎮定，神色輕鬆的夾雜在叛軍中行走，黑夜裡，什麼都看不清楚，因此叛軍完全沒注意到孫中山就在自己的部隊裡。他們一直走到永漢路口，才脫身進入海軍司令部，在海軍溫司令的陪同下，搭「楚豫艦」前往黃埔。

17日下午，孫中山親自率領海軍七艘兵艦出發，由黃埔往白鵝潭，並向大沙頭、白雲山、沙河、觀音山等叛軍陣地發炮射擊，一時炮聲隆隆，叛軍一瞬間被擊潰，四散奔逃。

蔣中正原本在浙江省奉化縣

服母喪，聽到孫中山在廣州蒙難消息後，連夜趕來，協助孫中山戡平叛亂。孫中山非常信賴蔣中正，所以在確定他可以趕來幫忙自己的時候，孫中山便放心的說:「蔣中正一來，等於增加兩萬援軍!」

7月8日，海軍最大的三艘兵艦：海圻艦、海琛艦、肇和艦叛變。第二天，長州炮臺被叛軍占領，孫中山率領其餘各艦開入省河，進攻東歪炮臺。叛軍在東歪兩岸，布置了嚴密炮火，向艦隊猛轟。孫中山當時在永豐艦上親自指揮艦隊。由於形勢危險，蔣中正怕孫中山被炮火所傷，請孫中山入艦艙躲避，自己堅守舵樓，指揮艦隊前進。二十分鐘後，艦隊順利通過了炮臺，安全的抵達白鵝潭。

孫中山回到上海後，蔣中正將孫中山蒙難於兵艦的五十五

天，寫成一本《孫大總統廣州蒙難記》，記述廣州蒙難的經過。在本書的序文中孫中山稱讚蔣中正的忠誠與勇氣。

第一次全國代表大會

孫中山於民國 12 年 1 月 1 日，發表「中國國民黨改進宣言」，宣布以三民主義為教條，進行內部改組工作。

同時，孫中山下令討伐陳炯明。1 月 15 日，陳炯明無法抵抗，只好撤往惠州。孫中山回到廣州後，為了跟北方談和，促進國家統一，撤銷總統名號，以大元帥的名義發號施令，請蔣中正擔任參謀長。

內部改組完畢後，中國國民黨於民國 13 年 1 月 20 日，召開第一次全國代表大會，共有一百六十五位代表出席。孫中山以中國國民黨總理的身分，親自主持這

次會議，發表演說，講述此次黨內改組的意義。

這次會議除了通過總章和許多重要議案之外，還發表一篇宣言，說明實行三民主義，是中國唯一的生路。接著確定黨部政綱──對外積極取消不平等條約與特權；對內則劃分中央與省的許可權，並以縣為自治單位。

這次中國國民黨的改組，在中國近代史上，具有重要的意義。經過多次改組，中國國民黨終於正式步上軌道，也開始能好好發揮政黨的力量。

黃埔陸軍軍官學校

孫中山深深覺得，國民黨沒有自己的軍隊，是不行的。之前每一次的戰事，不是結合毫無訓練的民軍，就是利用現成的軍隊。這些人因為平時沒有經過政治訓練，缺乏國家民族意識，很

容易臨陣倒戈。孫中山決定訓練一支能隨時為三民主義奮鬥，為中華民國犧牲的軍隊。

民國12年秋天，孫中山先派蔣中正前往蘇聯，考察當地軍隊組織的狀況。回國後，孫中山請他籌備開辦一所陸軍軍官學校。經過三個月的籌備，蔣中正和廖仲愷等人決定在黃埔創建陸軍軍官學校。

民國13年5月3日，孫中山正式命令蔣中正為陸軍軍官學校校長。由於當時許多省分都在其他軍閥的勢力範圍內，所以必須在極端祕密的情況下招生。但全國各地青年一聽到招生消息，紛紛前來報名，投考的青年共有兩千多人，經過考試，最後錄取了五百人。

6月16日，孫中山在開學典禮，親自到校勉勵學生。除了效法革命先烈為國家犧牲奮鬥的精

神，還要認真自修，多多研讀與軍事及革命相關的各類書籍。最後由胡漢民代他宣讀訓詞：「三民主義，吾黨所宗，以建民國，以進大同。咨爾多士，為民前鋒；夙夜匪懈，主義是從。矢勤矢勇，必信必忠，一心一德，貫徹始終。」

這篇訓詞，後來被奉為校訓。國民政府定都南京之後，加上樂譜，由政府定為中華民國國歌。

廣州商團團長陳廉伯，本來是匯豐銀行買辦，由於香港政府嫉妒孫中山的領導才能，暗中鼓動陳廉伯去推翻廣州政府，說事成之後，英國政府會幫他組織商人政府。同時，陳炯明也想利用陳廉伯，所以表態支持他。

於是陳廉伯利用商團名義，向香港購買大批槍械，準備推翻廣州政府。孫中山得到密報後，

把這件事交給蔣中正處理。蔣中正命令海軍把運送槍械的輪船扣留，押來廣州。

陳廉伯心有不甘，強迫廣州商店全面罷市，威脅政府。孫中山正準備採取進一步行動時，英國駐廣州總領事警告孫中山，若是制裁商團，英國海軍就全力炮轟廣州政府。

孫中山氣壞了，特地為這件事對外發表宣言，向英國政府提出抗議。經過調停，商店復業，孫中山答應交還部分槍械。沒想到，10月10日，陳廉伯竟在槍械收回後，鼓動商團對政府示威，槍殺慶祝國慶遊行的民眾二十多人。

孫中山忍無可忍，下令開戰。蔣中正率領軍官學校學生，在西關一帶包圍商團，經過一整天的激戰，商團大敗，陳廉伯逃往香港，廣州政府才安定下來。

這是黃埔陸軍軍官學校學生的第一仗，這一仗不但穩固國民政府，也奠定黃埔軍校成功的基礎。

有計畫的演講三民主義

與夫人宋慶齡居住在上海的那段期間，孫中山在完成《建國方略》後，開始撰寫《三民主義》。民族主義的部分已經寫好，民權主義和民生主義的初稿也大致完成。之後，孫中山就一直把原稿帶在身邊，計畫等全部寫好後，再共同出版。沒想到，陳炯明叛變，炮轟總統府的結果，竟把《三民主義》的原稿給毀掉了。

自民國 13 年 1 月 27 日起，孫中山開始每週一次，有系統的演講三民主義，直到 8 月 24 日。這段時間，他一共講了民族主義六講、民權主義六講，以及民生主

義四講。＊

廣州發生「商團事變」後，北方的局勢更加混亂。張作霖從關外攻進來，打倒吳佩孚，捧出段祺瑞。段祺瑞雖然擔任臨時執政，大權卻掌握在中華民國國民軍總司令馮玉祥手裡。

馮玉祥很佩服孫中山，聯絡段祺瑞和張作霖等人，共同打電報給孫中山，邀他北上商議國家大事。

有些同志認為北方的軍閥靠不住，勸孫中山不要冒險北上。但是孫中山覺得這是和他們談判統一的好機會，決定冒險一試。他命令胡漢民留在廣州，代行大元帥的職權。他自己在 11 月 13 日

放大鏡

＊孫中山沒講完的部分，還有居住、養生、送死、民生主義結論、三民主義結論等幾篇，但是還沒全部講完，他就去世了。

民國 42 年，蔣中正根據孫中山民生主義的全部精神和目的所在，加上「育樂兩篇補述」，三民主義才算完整。

那天，帶著主要幹部，搭乘輪船離開廣州，前往上海。

經過黃埔時，孫中山還特別上岸去巡視陸軍軍官學校。看到學生們不畏辛勞的進行軍事訓練，孫中山充滿希望，他知道後繼有人，這些學生必定會繼續他的使命。他笑著說：「我想我可以安心了！」

罹癌逝世，遺愛人間

11月17日，孫中山一到上海，就有兩三百人上船求見。24日抵達日本神戶後，又有無數人前來瞻仰孫中山的風采，還堅持要請孫中山演講。12月4日中午，孫中山終於抵達天津，碼頭上擠滿了大批人群等著迎接孫中山。

孫中山在船上脫帽向熱情的民眾致謝時，不小心受了風寒，當天晚上就病倒了。病情變得非

常嚴重，雖然當晚舉辦了盛大的歡迎會，孫中山卻無法參加。

德國石密德醫生幫孫中山診療時，誤以為是重感冒，沒注意到孫中山患的是肝病，他勸孫中山多休息。孫中山養病一陣子，直到四天後才起床，帶病接見客人。

孫中山從廣東北上時，曾主張召開國民會議，廢除不平等條約。這時報上卻刊載著外國人要求段祺瑞繼續維持不平等條約的消息，完全不符合孫中山原先的期望。孫中山一氣之下，肝病突然加重了。

孫中山的病勢一天比一天嚴重。1月26日上午，病情惡化，醫生們共同商議的結果，認為孫中山必須住院開刀。當天下午孫中山被移送到「協和醫院」。到了晚上六點，在手術室開刀時，發現肝臟硬化。沒想到竟是肝癌

末期，已經嚴重到無法割除的地步。2月初，開刀的傷口已經復原，醫院改用放射性的鐳錠來治療他，但還是沒有效果。

2月24日，孫中山的病勢進入危險階段，喉嚨裡有很多痰，神智漸漸不清楚，大家看了都悲傷得直搖頭嘆氣。當天下午，醫生告訴同志們，是請孫中山立遺囑的時候了。

大家公推孔祥熙、宋子文、孫科、汪兆銘四人進入病房。孫中山問他們有什麼事，說完之後閉上眼睛，過了一會兒，張開眼睛再問：「你們要說什麼就儘管直說吧！」

汪兆銘委婉的對孫中山說：「同志們要我們請求先生留下幾句教誨的話。如果先生的病能很快好起來，那是再好不過；萬一不幸，我們仍然可以聽到您的教訓，十年二十年後，同志們仍舊

可以受用。」

　　孫中山明白大家的意思，也很清楚自己的健康狀況，所以就點點頭。汪兆銘說：「我們已經預備了一份草稿，現在念給您聽。先生如果贊成，就請簽名，算是您的意思；如果不贊成，也請先生另外吩咐幾句，我可以代您用筆記下來。」

　　孫中山點點頭，說：「可以！」停了一會兒，又說：「你念給我聽聽看！」

　　汪兆銘便取出一張紙，低聲慢讀：「余致力國民革命，凡四十年，其目的在求中國之自由平等。積四十年之經驗，深知欲達到此目的，必須喚起民眾，及聯合世界上以平等待我之民族，共同奮鬥。」

　　「現在革命尚未成功，凡我同志，務須依照余所著：《建國方略》、《建國大綱》、《三民

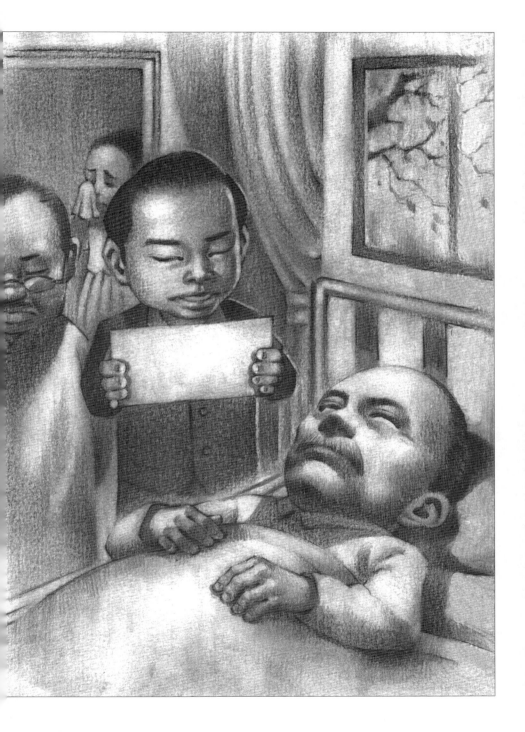

主義》，及『第一次全國代表大
會宣言』，繼續努力，以求貫
徹。最近主張開國民會議，及廢
除不平等條約，尤須於最短期
間，促其實現，是所至囑。」

　　孫中山聽完後，滿意的點點
頭。

　　汪兆銘取來筆墨，本打算請
孫中山簽字。夫人宋慶齡在門外
哭得很傷心，孫中山不願夫人難
過，對汪兆銘等人說:「你們先把
東西收著，今天還不要簽名，過
幾天再說吧！我想我應該還可以
活幾天！」

　　3月初，孫中山的肝一天比
一天腫大，體力一天比一天衰
弱，漸漸連東西都不想吃，全身
浮腫得厲害。3月11日中午，孫
中山忽然睜開眼睛，看著病房裡
圍繞在他身旁的家人和同志說：
「我現在要和你們分別了！今天
是簽名的時候了！」汪兆銘趕忙把

兩張遺囑和筆放在床頭，孫中山右手拿起筆，在遺囑上簽了名。

孫中山稍微休息一下，斷斷續續對同志們說了幾句勉勵的話：「……生死無所謂，只是我幾十年來為革命奔走，所抱定的主義，無法完全實現，難免有些遺憾。希望同志們努力奮鬥，使國民會議能早日召開，達到實行三民主義和五權憲法的目的。我即使死了，也能安心。」

他的身體實在太虛弱了，說完這些話後，孫中山的呼吸越來越困難，不能再連續說出四、五個字以上的話。但是大家仍然可以聽到他斷斷續續的說著「和平」、「奮鬥」、「救中國」這幾個字。

晚上六點半鐘，孫中山又再度醒過來，但他的手腳已經變得冰冷，不能再出聲說話了。

第二天凌晨三點多，孫中山

又醒來一次，只是不斷的喘氣。

他的呼吸越來越弱，九點三十分，這位推翻滿清，創建中華民國的偉人，終於與世長辭。

這一天，民國 14 年 3 月 12 日，孫中山享年六十歲。

為了紀念孫中山，政府把孫中山的故鄉廣東省香山縣，改名為中山縣；永豐兵艦也改名為中山艦。

民國 18 年，蔣中正繼承孫中山的遺志，北伐成功，統一全國，國民政府定都南京。6 月 1 日，中國國民黨把孫中山葬在南京城外紫金山，稱為中山陵。各國元首都派代表來參加大典，全國民眾也都自動前往致敬致哀。

民國 29 年 4 月 1 日，國民政府為了紀念孫中山的貢獻，發表了一篇文章以表揚他：「宣導國民革命，首創中華民國，更新政體，永奠邦基，謀世界之大同，

求國際之平等，光被四方，功高
萬世，凡我國民報本追遠，宜表
尊崇。」並通令全國，尊稱他為中
華民國國父。

1866 年	出生於廣東香山縣翠亨村。
1872 年	進入私塾讀書。
1876 年	常聽老人馮爽觀談論太平天國的故事，引發日後的革命思想。
1879 年	赴檀香山讀書。
1883 年	從檀香山回家鄉。因為毀壞北帝廟神像，被家人送往香港讀書。
1886 年	進入廣州博濟醫院學習西醫。
1887 年	轉學到香港西醫書院。
1890 年	常與楊鶴齡、陳少白、尤列抨擊時政，倡言革命，人稱「四大寇」。
1892 年	從香港西醫書院畢業後，赴澳門、廣州等地開始行醫。
1894 年	上書李鴻章，組織興中會，以推翻滿清政府、建設新中國為目標。

1895 年	第一次革命，廣州起義失敗，轉往國外宣傳革命理念，籌措經費。
1896 年	在英國倫敦蒙難。
1900～11 年	第二次到第十一次革命。革命成功後，當選中華民國第一任「臨時大總統」。
1913 年	討伐袁世凱，史稱「二次革命」。
1921 年	當選為「非常大總統」。
1922 年	出兵北伐、砲擊陳炯明等人的叛變。
1924 年	成立黃埔陸軍軍官學校。開始有系統的向世人傳達三民主義的理念。
1925 年	因肝癌不治，病逝於協和醫院。

獻給孩子們的禮物

「世紀人物100」

訴說一百位中外人物的故事

是三民書局獻給孩子們最好的禮物！

◆ 不刻意美化、神化傳主，使「世紀人物」更易於親近。

◆ 嚴謹考證史實，傳遞最正確的資訊。

◆ 文字親切活潑，貼近孩子們的語言。

◆ 突破傳統的創作角度切入，讓孩子們認識不一樣的「世紀人物」。

適讀對象：
國小低年級以上
付注音，小朋友也能自己讀！

創意
MAKER

創意驚奇雲

請跟著**畢卡索**，在各種藝術領域上大展創意。

請跟著**盛田昭夫**，動動你的頭腦，想像引領創新企業的挑戰。

請跟著**高第**，體驗創意新設計的樂趣。

請跟著**格林兄弟**，將創思奇想記錄下來，寫出你創意滿滿的故事。

本系列特色：
1. 精選東西方人物，一網打盡全球創意 MAKER。
2. 國內外得獎作者、繪者大集合，聯手打造創意故事。
3. 驚奇的情節，精美的插圖，加上高質感印刷，保證物超所值！

三民網路書店　**會員**

獨享好康大放送

通關密碼：A8743

憑通關密碼
登入就送**100元e-coupon**。
(使用方式請參閱三民網路書店之公告)

生日快樂
生日當月送購書禮金**200元**。
(使用方式請參閱三民網路書店之公告)

好康多多
購書享3%～6%紅利積點。
消費滿350元超商取書免運費。
電子報通知優惠及新書訊息。

書種最齊全
服務最迅速

超過百萬種繁、簡體書、原文書5折起　　三民網路書店 www.sanmin.com.tw

國家圖書館出版品預行編目資料

革命先行者：孫中山 / 子魚著；簡志剛繪.－－初版三
刷.－－臺北市：三民，2019
　　　面；　　公分.－－(兒童文學叢書/世紀人物100)

ISBN 978–957–14–4942–5　　(平裝)

1.孫文 2.傳記 3.通俗作品

005.31　　　　　　　　　　　　　　　　　96024746

© 革命先行者：孫中山

著 作 人	子　魚
主　　編	簡　宛
繪　者	簡志剛
發 行 人	劉振強
著作財產權人	三民書局股份有限公司
發 行 所	三民書局股份有限公司
	地址　臺北市復興北路386號
	電話　(02)25006600
	郵撥帳號　0009998–5
門 市 部	(復北店) 臺北市復興北路386號
	(重南店) 臺北市重慶南路一段61號
出版日期	初版三刷　2019年4月修正
編　　號	S 781700

行政院新聞局登記證局版臺業字第○二○○號

有著作權·不准侵害

ISBN　978-957-14-4942-5　　(平裝)

http://www.sanmin.com.tw　三民網路書店
※本書如有缺頁、破損或裝訂錯誤，請寄回本公司更換。